KAMINOGE 100

Cover PHOTO : KUNIYOSHI TAIKOU

色情

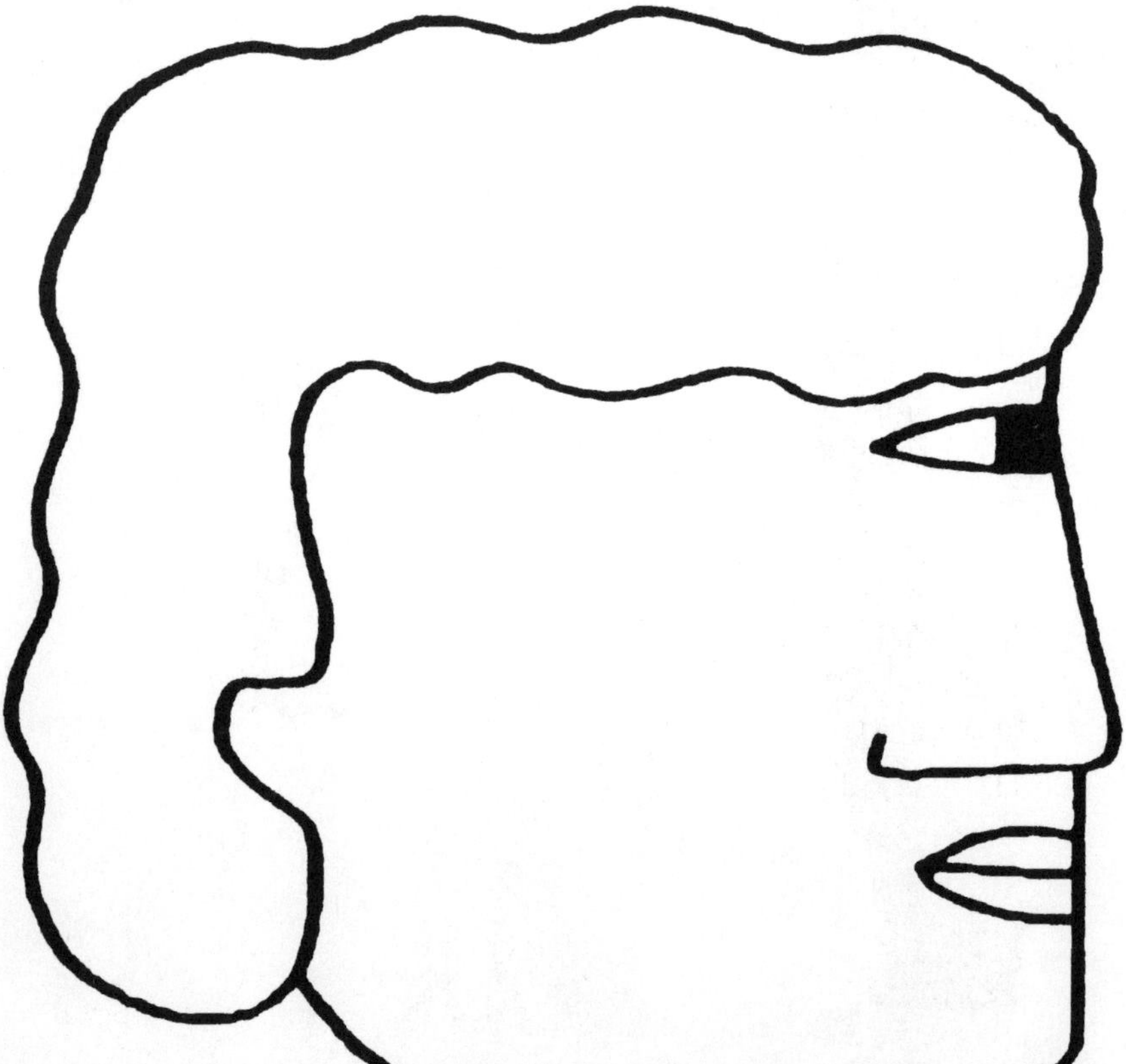

LATIN PEHLWANS

迷わずゆけば、その道の門番!!

人生に花が咲こうと咲くまいと、生きていることが花なんだ。
とりあえずやってみた、ただ闇雲にやってみた。
その一足がやがて道となった人を紹介するコーナー。

取材・構成：ビーバップみのる

第27回（最終回）『ネットカフェに泊まる』

「二度と野宿をしたくないという気持ちで生きています」

〝ネットカフェに泊まる門番〟こと飯島学さん（40歳）
1980年生まれ、埼玉県出身。
子どもの頃に夢中になったアイドルはSPEED。

「いまは多少落ち着きました」

――飯島さんは〝ネットカフェに泊まる生活〟を半年ほど続けていらっしゃるんですよね？　そのネットカフェに住むという状態について、そして飯島さんがどういうつもりなのかを聞きに来ました。

飯島　自分の話でよければよろしくお願いします。あの、おタバコをお吸いになられるのでしたら遠慮なくどうぞ。灰皿はこちらです。はい、すみません。はい。

――ありがとうございます。凄く低姿勢な物腰ですが、それが普通なのでしょうか。

飯島　言葉遣いという部分では高校まで野球に打ち込んでいたこともありますが、低姿勢という部分に関しては、自分、いままでいろんな仕事をして来たんです。キャバクラ店員、建築作業員、ヘルス店員、居酒屋店員、印刷会社、うなぎ屋、ラブホテル清掃員、工場勤務ですとかいろいろやって来たんですが、もう少し続けていれば上の役職に行けただろうなっていう職場もあったんですが、我慢がきかなくてやめて来たんです。

――我慢。

飯島　自分、働くことは好きなのですが、人間関係に対する我慢が苦手なんです。どんな場所にも気が合わない人っているじゃないですか。気が合わない人と一緒にいても我慢すればいいんでしょうが、我慢がきかなくて仕事を辞めることが多かったんです。辞めて職を変えて次の職場に行くとペーペーからの出発になるんです。いつも下っ端から始まりますから人の上に立った経験が記憶にないんです。それが低姿勢な物腰の原因かもしれないです。

――人の上に立ちたいですか。

飯島　まだそこまでの考えには至ってないですね。はい。

――飯島さんはネットカフェで寝泊まりしていると伺ったのですが、どうして部屋を借りないのでしょうか。

飯島　借金を返しながら生活しているので、部屋を借りるお金が用意できない状況なんです。

――何で作った借金か聞いてもいいでしょうか。

飯島　家賃滞納です。この生活をする前は月8万円の部屋を借りていたんですが、家賃を3カ月滞納してしまい追い出されたんです。それが半年前の話でして、そこからネットカフェで寝泊まりをしています。

――大変ですね。

飯島　いまは多少落ち着きましたけど、そのときは大変でしたね。家を追い出されたときに手持ちのお金は少なかったですし、仕事を辞めて無職でしたのでお金が入るアテもない状態でしたから。

――家と手持ちのお金の余裕がなくなった無職の飯島さんは、どうやって生活を立て直したんでしょうか。

飯島　とりあえず日払い可の派遣バイトに登録しました。8時から17時まで派遣会社から斡旋された引っ越しの仕事や建築現場での仕事をして、交通費込みで1万円もらいまして、少し街をブラブラして時間を潰してからネットカフェの12時間パックに入るっていう生活を始めました。生きることに必死でしたから、深く考えずにそのサイクルを続けましたね。それで2週間くらいするとその生活に慣れてきて、日払いも貯まってきて自分の状況を冷静に考える余裕が生まれるんです。

――どんなことを考えるのでしょうか。

飯島　1日1万円を稼いで、そこから食事代や現場までの交通費とネットカフェに泊まるお金を使って、滞納した家賃の支払いをしていたら、部屋を借りるまとまったお金を貯めるのは大変だなって考えました。それと派遣バイトは毎日の仕事が保証されていないから仕事がない日が続いたらキツイなって。でも、とくに資格もない自分がすぐにお金を稼ぐには派遣バイト以外にないよなーとかグルグル考えますね。まあ、考えてもしょうがないので生きるために派遣バイトで1万円もらってネットカフェに泊まるっていう生活を2カ月ほど続けていたら、派遣会社の人に「明日から1週間仕事がないのでお休みです」って言われたんですよ。

――まずいですね。

飯島　まずいですよ。ちょうど借金を払った直後で全財産が1万円になっていたので焦りましたね。1週間を1万円でやりくりしなきゃいけなくなりましたので、ネットカフェに泊まる余裕もなくなったんです。

――どうやって乗り越えたんですか。

飯島　稼がないといけないので日払いができるほかの派遣会社に連絡して面接に行ったんです。でも「すぐに紹介できる仕事はないです」って言われたんです。めげずに別の派遣会社にも連絡して3社くらい面接したんですけど、全部ダメだったんですよ。面接に行くのも交通費がかかるじゃないですか。交通費で2000円くらい使ってしまったんです。仕事が決まらないのに交通費だけ使っていたら気力がなくなったので、野宿をすることにしたんです。

――野宿。

飯島　はい。深夜になって駅の入り口のシャッターが閉まってから駅の階段に座りこんで朝を迎えるっていう生活を1週間続けました。ギリギリの世間体は残っていましたから毎日同じ駅じゃなくて今日は新宿、次の日は品川みたいな感じで転々としたんです。

――うー。

飯島　野宿をしていると服がボロボロになっていくんですよ。ボロボロな自覚はあるんですけどコインランドリーを使う余裕はないので、100円ショップでフェイスタオルを買って公園で身体を拭いてました。お腹が減っても水で我慢していたら、どんどん元気がなくなりました。

――その状態からよく復活しましたね。

飯島　1週間したら派遣会社から「明日、仕事があるからお願いします」って連絡がきたんです。あれは嬉しかったですね。「あー、助かった。明日働いて日払いが入ったら腹いっぱい牛丼を食べよう！　ネットカフェに泊まれるぞ！」って。

――よかったー。

飯島　本当によかったですよ。で、1週間路上生活を経験して考えたんです。

――何を考えたんでしょうか。

飯島　このまま8時～17時の普通の派遣バイトで1万円を稼いで1日が終わっていくサイクルだと、まとまったお金は貯まらないし、いつ仕事が切れるかわからないからダブルワークしようって。でも派遣のダブルワークはキツイから短時間で1万円稼げる派遣バイトを探して体力と時間の余裕を作ってダブルワークをしようって考えたんです。

「すき焼き鍋なんか作りたいですね」

――短時間で1万円稼げる派遣バイトってあるんですか。

飯島　探したらあったんです。いまやっているのは劇場とかホールで椅子の点検をする仕事なんです。椅子を点検してネジが緩んでいたらドライバーで締めていくんですが3～4時間で終わって1万円出るんです。

――いろんな仕事があるんですね。

飯島　はい。いまは昼間に椅子のバイトをして、夜はこの店（レンタルルーム）の清掃バイトを週4で入ってます。

――この店も日払いなんですか。

飯島　はい。でも12時間勤務で時給1000円だから短時間高収入ではありませんが、安定的にシフトに入れますし、派遣バイトで味わった仕事が突然なくなる恐怖がないのでダブルワークの片っぽは手堅い仕事にしました。

——昼夜働いていたらけっこう稼げますよね。

飯島　先月は30万稼げました。

——凄いっスね。短時間高収入の派遣バイトの探し方にコツってあるんでしょうか。

飯島　コツコツと足で探すしかないですね。自分の経験としては1万円もらえる派遣バイトは8〜9時間勤務が普通なんです。でも派遣バイトの募集要項をちゃんと読むと、たまに「早く終わっても日給保証」と書いている会社があるんです。それって早く終わる可能性があるわけですからその可能性に賭けてみたんです。「早く終わっても日給保証」と書いている派遣会社に片っ端から面接に行って、実際に働いて早く終わる仕事か確かめる作業を繰り返していたら、早く終わるネジ締めバイトに出会えたんです。でも椅子のバイトは5月から7月までは仕事がないんですよ。まあ、また短時間高収入のバイトを探すしかないですね。

——がんばってください。

飯島　はい。

——最後にお聞きしますが、飯島さんにとって寝泊りするのにおすすめのネットカフェを3つくらい教えていただけますか。

飯島　新宿のネットカフェを利用することが多いので新宿でいいですか。

——お願いします。

飯島　新宿のネットカフェはほぼすべてに泊まりましたけど、総合力ですとやっぱり『マンボー』さんが頭ひとつ突き抜けてますね。シャワールームのアメニティが充実してますし、なによりコインランドリーがありますから、自分みたいに家がない人間にはありがたいですね。

——はい。

飯島　〝食事〟という部分だと『ウーパールーパー』さんが充実してますね。レンジでチンじゃない手作りっぽい食事があるんですよ。パスタがおすすめですね。ミートソースとカルボナーラ。

——へー。

飯島　〝寝る〟という部分では『カスタマカフェ』さんがいちばんです。あそこは天井が空いている個室じゃなく天井まで壁で囲われている個室空間なので、周囲の雑音が気にならなくて落ち着いて眠れますね。

——いまでも十分に快適だと思いますが、今後、飯島さんがネットカフェに求めたいことってありますか。

飯島　そうですねー。自分、風俗が好きなんですが、家がないのでデリヘルを楽しめないんですよ。自分、家を借りていたときは1日に3回デリヘルを呼んだこともあるんですよ。いまはホテル代がもったいないので、デリヘルを呼んでもいいネットカフェがあればいいですね。あと自炊したいです。いまの時期はすき焼きなんか作りたいですね。

——元気ですね。

飯島　いまのは冗談です。無理をして発言しました。正直、いまは生きることに精一杯なのでスケベな気持ちはどこかにいってしまいますし、いまは牛丼で十分ありがたいです。いまは二度と野宿したくないという気持ちで生きています（キリッ）。

——飯島さん、今日はおすすめのネットカフェを教えてくれてありがとうございました。

俺の人生にも、一度くらい幸せなコラムがあってもいい。

第99回『「ビール飲んできちゃった」とは何か？』

プチ鹿島

コロナウイルス。ブシロードグループの新日本プロレスとスターダムは早々に当面の大会中止を宣言。英断だ。この潔癖さ、プロレスもここまでメジャースポーツとなったかという点でも感慨深かった。

その一方、私が静かに注目していた興行もあった。政府がイベントの自粛を「要請」した数日後に控えていた『プロレスリング・マスターズ』（2月29日）である。世間のイベントが次々に開催中止を発表するなか、マスターズは沈黙を守っていた。私はその様子を見てニヤニヤしてしまった。「やるつもりだな」と。それは興行への期待だけではない。『プロレスリング・マスターズ』という性分にニヤニヤしたのだ。

主催者である武藤敬司はかつてマスターズ人気に対し「やる側が楽しんでるのが伝わってるんじゃねえかな。それにマスターズは40～50代のファンが多くて（昔の）思い出とともに来てくれている」と東スポで語っていた。

私も毎回観ているがとにかく観客の熱気に驚く。「マスターズ」の何がおもしろいのか。以前に堀江ガンツと話し「懐メロ感覚というより、バンドの再結成に似ているからでは？」という結論になった。

あの頃に戻ったような嬉しさも勿論あるのだけど、一緒に歳を重ねたうえで「今」を見ている楽しさも大きい。決して郷愁だけではないのだ。ゆえに今回マスターズに想像することは何か？ 今の価値感は業界最大手の新日本がしっかり確保してくれている。なら、マスターズにはコロナに自粛しないでやっちゃうという「価値観」も期待していたのである。

おまけに今回マスターズが「持っている」と痛感したのはメイン終了後に「アントニオ猪木60周年セレモニー」を控えていたことだ。猪木の来場もあってチケットは即完売。その話題性のなかでコロナである。

私は小さな声で言うが「こんなに素晴らしいタイミングはない！」と興奮していた。

猪木のプロレスこそ不謹慎だからである。世の中の反射鏡が猪木プロレスだった。世間の大人が怪訝そうな目を向けてくるときほど猪木と猪木ファンは燃えた。闘った。もうあんな激しい日々は過去のものだと穏やかになっていたが、なんと今回〝コロナの中で登場する猪木〟という不謹慎な状況が訪れたのだ。あの頃の猪木が帰ってくる。そしてマスターズの開催が発表された。さすが武藤敬司である。山っ気も猪木直伝だ。

もちろん安全を考慮して当日キャンセルした方の気持ちも理解できる。というかそっちのほうが常識であり正義だ。しかし世の中の非常識は猪木の常識でもある。こんなタイミングでの開催、ハッキリ言って何万円でも払ってこっそり観たい！

そして当日。うっかり後楽園ホールに来た観客はついに最後のセレモニーを迎えた。

リング上はロープを全部外してアントニオ猪木がリングに上がってこれるように準備していた。体調は思わしくないようだ。しかし、ああ猪木だと思ったのは付き人に抱えられながらやっとリングに上がったあと。そのまま椅子に座ればいいのに赤いマフラーをバーッと掲げ、コールされてガウンをバッと脱ぐような現役時代の雄姿そのままを見せてくれたのだ。もうたまらなくなった。猪木はいつ何時もスーパースターなのである。セレモニーが盛り上がるなか、猪木の口から「さっきビール飲んできちゃった」。コロナビールとかけているのである。なんという不謹慎なギャグ！　主催者の武藤敬司はしてやったりの顔だった。

私は数年前のイベントでの武藤さんの言葉を思い出した。「真面目なヤツは真面目なプロレスしかできない。限度がある」。

なんという奥行きのある言葉だろう。そんな武藤さんも相当いい加減だった。私が「スクリュー」という言葉について聞いたときだ。武藤さんが当時出した本のなかで登場した言葉である。

《この世界で相手にダマされるとか、自分が不利な立場に追い込まれることを〝スクリューされる〟という。たとえば予想と全然違う試合展開を強いられるとか。》（『生涯現役という生き方』）

藤波＆長州の「噛ませ犬事件」も《藤波さんはあの時スクリューされたわけだ》とし、武藤さん自身も《1995年の髙田延彦戦は心の準備をしていった。相手がいきなりかましてくるかもしれないからね》と説明してあった。

なるほど、そんな言葉があるのか。なら「藤波さんがスクリューされるなんてまさにドラゴンスクリューですね」というオチにしようと思い、私は目の前にいる武藤さんに聞いてみた。すると、

「スクリュー？　なにそれ？」

え……。

「あー、でも言ったかなぁ。どうだろう。その本読んでないんだ、まだ」

大喜びの観客。自分の本を読んでいないことを公言。松本伊代以来である。

武藤さんは何でも聞いてきていいよという雰囲気があった。もしかして武藤さんと試合をする人ってこういう感覚になるのかな？　とさえ思った。

天才であり、適度ないい加減さ、包容力。武藤らしさは猪木らしさでもある。これを見れたのがコロナ渦中の「マスターズ」だった。

観に行ってよかったです。

プチ鹿島（ぷち・かしま）1970年5月23日生まれ。芸人。
テレビ朝日系『サンデーステーション』（日曜午後4時30分〜）レギュラー出演中です。

2017年4月9日の
オカダ・カズチカ戦からの3年間、
そのすべてを初めて語る!!

柴田勝頼

［新日本プロレス］

「自分はオカダ戦で終わってもいいと思っていたんです。
『あれが最後でいいや。とっとと辞めよう』って。
だけど自分がやれること、やれる試合ってまだ絶対にある。
自分は生きがいがないと死んじゃうんですよ、残念なことに」

収録日：2020年3月2日
撮影：タイコウクニヨシ
試合写真：©新日本プロレス
聞き手：井上崇宏

「身体の右半分にまったく力が入らなくて、自分でもそれがわからなくて『やけに転ぶな』と思いながら歩いていたんです」

――柴田さん、大変ご無沙汰をしておりました。

柴田　こちらこそ、ご無沙汰してました。

――昨年2度ほどチラッとお会いする機会がありましたけど、こうして取材をするのは4年ぶりくらいじゃないですかね？

柴田　4年ぶりですか。オリンピックみたいな。

――あの、お元気ですか？

柴田　元気です。「元気ですよぉー！」（笑）。

――見た目がまったく変わんないですね。ずっと若々しい。

柴田　1回だいぶ変わっちゃいましたけどね。じゃあ、今日はこの4年間をギュッと凝縮したインタビューにしてください。たぶん、それはほかの人ではできないことだと思うので。

――4年ぶりのプレッシャー（笑）。

柴田　身体をいまの状態に戻すのに3年かかったんですよ。いま体重もちょうど3年前とまったく同じですね。

――２０１７年4月9日のオカダ・カズチカ戦以降については、ボクは断片的にしか情報を取っていなかったというのが正直なところなんですけど。

柴田　いや、どこにも話をしていないですから完全な情報っていうのもないはずです。なんかみんなが触れちゃいけない感じみたいになっているというか。

――本人には聞けない的な？

柴田　はい。自分としても、きちんと伝えてくれないなら軽く触れてほしくないっていうか、あまりその話をしたくない、振り返りたくないっていう時期がずっとあったし、話す場所も選ぶし。でも今日は全然振り返りますよ。ひさびさの『ＫＡＭＩＮＯＧＥ』なのでね（笑）。

――ありがとうございます。では当時の状況を思い出してほしいんですけど、あのオカダ戦の前の1週間とか1カ月あたりのコンディションはどうだったんですか？

柴田　最悪でしたね。

――っていうのをちょっと伝え聞いてはいたんですよね。試合前から最悪の状態だったと。

柴田　身体の状態がボロボロだったから最終的に頭をケガしたっていうのはあって。あの頃はずっと首も曲がらなかったし、肩も上がらなかったから、1年間テーピングが取れなかったですね。肩をテーピングしてるように見せて首を固定していたりとか、そうやってケガをしている箇所をごまかしながら試合してたりして。でもシリーズは止まらないじゃないですか？　試合はやるしかないし、やるなら自分は自分にしかできない試合を常にやりたい。そこでの見えない負担っていうのはたくさんありましたね。でもそれが当たり前だと思ってやっているし、いまも気持ち的には変わらないです。プロレスっていうのは

そういうもの。

――オカダ戦の1カ月前までRPWブリティッシュヘビー級王座を持っていて、その前はNEVERのベルトも同時に持っていた時期があって。

柴田　だから治す時間がなかった。あの年（2016年）はタイトルマッチを世界でいちばんやってますよ。シングルマッチもおそらく。タイトルマッチは月1以上だから15～16試合くらいやったはずです。

――つまり、あの試合のどの場面でケガをしたとかじゃなくて、徐々に大きくなっていく風船が最後にオカダ戦で割れたみたいな。

柴田　そうですね。パーンと弾けて……。

――飛んでった。

柴田　ホントそんな感じです。

――とはいえ、試合中に決定打となったものはあったんですか？映像で何度観ても全然わかんなかったです。

柴田　いや、だから変な話、ずっと爆弾を抱えてたんですよ。風船爆弾を（笑）。まさにその通りで（ダメージの）蓄積、蓄積で。

――試合後に花道を引き揚げて行くシーンも、ツラそうなのは伝わるんですけど、そこまでの重傷だとはわからないんですよね。

柴田　身体の右半分にまったく力が入らなくて、でも自分でもそれがわからなくて「やけに転ぶな」と思いながら歩いてたんですよ。

――ケンケンしながら。

柴田　「今日、めっちゃ転ぶな」って。

――じゃあ、試合中も試合後も意識はハッキリしていたんですね？

柴田　意識は全然ありました。だから記憶がないっていうのはないんですよ。まあ、決定打はレインメーカーってことなんでしょうけど、それって自分のやってきた道で生まれたダメージの蓄積でのフィニッシュ。いままで闘った相手から受けてきた最後の技が3年前のあのレインメーカーなんですよ。で、おもしろいことにそのさらに3年前、自分がオカダに挑戦するみたいになった瞬間があって。そのときは「ニュージャパンカップで優勝してから来い！」ってオカダに突き離されたんですけど、じつはそこからストーリーが始まっていたというか。そのときに自分は「口に出せば出すほど挑戦が遠のくな……」と感じました。それに気づいてからはオカダの「オ」の字も出さずに虎視眈々と狙ってやってきたんですよ。それであのタイミングで当たったんですよね。そこまでの3年でギュッと距離を詰めた自分が、オカダとぶつかって、単純な話、プロレスのリングの上で闘ったら自分よりもオカダのほうが強かったというだけの話です。もうそこはシンプルに、そういうものだと思いましたね。プロレスは闘いだと思っているんで、そこはオカダよりも

自分のほうが弱かったから負けた。

——ちゃんと負けた理由があったと。

柴田　だから勝てなかったのは仕方ないし、あの試合でどうこうっていうのはないんですよ。「やってよかった」とだけ思っています。それで試合後に倒れたということは、あれが自分の限界を超えた試合だったということだし、試合中に倒れていてもおかしくない状態だったわけですよね。むしろ、その「プロレスで限界を超える」っていうのはなかなかできないことなので、後悔も全然していないですし、オカダには「俺のことは気にせずにのびのびとやってくれ」って言いましたし。逆にそこで自分とオカダとの間に壁がなくなりましたね。闘って初めてわかりあえる関係というか。おもしろいものですよ。そうしてまた物語が続いていくっていうのが。

「『えっ、なんで俺はここにいるんだろ?』って思ったっスもん。『けっこう重症なんだ』って」

——最後は、花道を引き揚げて行ったカーテンの向こう側で倒れたんですよね。

柴田　自分の身体が動かないっていうことが、なんかよくわからなかった。でも起き上がろうとしたら止められる。総合の試合でレフェリーストップで負けたときに、起きられるのに「起きちゃダメ!」って止められてるような感じで。

――ただ、そこで柴田さん本人も緊急事態だっていうのはわかりますよね。

柴田　いや、わかっていないんです。まわりがやたらわちゃわちゃしてるときも「えっ、なんで？」と思って。とにかくまわりが「動かないで！」って言って凄いあわててるんですよ。それで救急車に乗せられて、両手と両足をこう（クロス）して「はい、力を入れて！　握って！」って言われても自分は右手で握れなかったんですよ。そこで「あれ？」ってなって。

――何を握るんですか？

柴田　救急隊員の手を。あとはヒザを曲げて足を固定されて「はい、蹴ってみて！」って言われたんですけど、やっぱり右足のほうが蹴れなくて。それで病院に着いたときに「もう1回いきます！　握って！」って言われたので、やったらガーッと右手に力が入って握れて、それで「蹴って！」って言われて右足で蹴れたんですよ。そうしたら救急隊の人が吹っ飛んじゃって……。

――「蹴れんのかい！」って（笑）。

柴田　「オッケーです!!」って言ってくれて（笑）。そのまま病院の中に運ばれていきましたね。

――なんでそこで蹴れたんですかね？

柴田　わかんないです。火事場のクソ力。でも、そこってじつは〝境目〟だったのかもしれないですね。そこで握れたり、蹴れなかったとしたら、いまも右手と右足は動かないままな気がします。脳の中っていうのは解明できてないことばっかりじゃないですか？　だって、そんな症状になって「助かる確率は18％以下」って聞きましたからね。

――82％の確率で半身不随になると？

柴田　いえ、生きる確率が18％以下ってことですね。

――あっ、生存の確率が。たとえ、その18％以下の確率で命が助かったとしても、五体満足ではいられないって人も……。

柴田　全然いると思います。実際に自分もまだこのへん（右斜め前）がまったく見えてないんですよ。

――えっ？

柴田　最初は両目の右半分が真っ暗だったんです。「同名半盲」ってやつになっちゃって。だから距離感とか最初の頃はまったくわからなくて、食べ物が箸でうまく掴めなかったりしてました。

――でも柴田さん、右目がおかしいっていうのはけっこう前からじゃなかったですか？

柴田　前々から右目はおかしかったんですよ。斜視もあったんで。

――写真でよくウインクしてるみたいになってますけど、じつはカメラを向けられると右目を閉じちゃう癖がありましたよね。

柴田　目線を合わせようとしても右のほうがピントが合わなくて、よく見えないから、ついつむっちゃうんですよ。それも試合のダメージですね。

——とにかく意識不明の状態で病院に運ばれたのではなく、ずっと意識はあったんですね。

柴田　あります。

——それで病院に入ってすぐに精密検査を？

柴田　即手術でした。

——急性硬膜下血腫。「10日未明」ってことはその日の夜中ってことですね。

柴田　そうです。運ばれてから手術までがけっこう早かったと思います。そこがあと30分でも遅かったら、また回復の度合いも違っていたっていう状況で。たまたま会場から近くの大きい病院に運ばれて、そこに腕の立つ脳外科の先生がいて。運よくそこに行けたことがよかったたし、本当に感謝しています。

——これはすぐに手術をしなければダメとかっていうのは、すべて本人に告げられるんですか？

柴田　付いていた人たちには告げられたんじゃないですかね？　自分はよくわからないまま運ばれて「あっ、手術なんだ」っていう感じで。「なんかヤバいのかな?」とは思ったんですけど、そのときもそこまでヤバイとは思っていなかったです。

——まだ気づいてない。痛みとか気持ち悪さはなかったんですか？

柴田　ないですね。なのに「動いちゃダメ」って言われてる。そのへんの記憶もはっきりとあって、みんなはあわてているんですけど、自分は凄く落ち着いているんですよ。

——麻酔をかけられた瞬間は憶えてます？

柴田　それは憶えてないですね。それで気づいたら浅田真央が引退してたんですよ。意識が戻ったらベッドの上に寝ていて、目の前にテレビが置いてあって、重症患者が3人いる病室だったんですけど。それでテレビで浅田真央が引退っていうのを観て「あっ、引退するんだ」って。窓のない部屋だったから、そのときが何時かわかんないし、朝なのか昼なのか夜なのかもわからない。隣の人もゲホゲホしていて苦しそうにしている。「えっ、隣の人、大丈夫……?」って。

——目が覚めたらそこにいるって怖いですよね。

柴田　「えっ、なんで俺はここにいるんだろ?」って思ったっスもん。「けっこう重症なんだ」っていう。

「当分は安静にってことで最初に思い浮かんだことは『うわっ、G1に間に合わねえ……』って」

——浅田真央ちゃんが引退したのはいつでしたっけ？

柴田　4月10日じゃないですかね？　引退の会見をしていたのを観たのがテレビからの初めての情報ですから。それでテレビを観ながら「今日は何日だろ?」と思って。

（※フィギュアスケーターの浅田真央は、２０１７年4月10日夜にブログで現役引退を表明。２日後の12日に引退会見をおこなった）

——現実というか、自分の状態が正確にわかったのはいつですか？

柴田　現実を知ったのはその日じゃないんですよ。病室って救急のところと、その次のレベルのところと、一般病棟とかがあって、たぶん最初はICUっていういちばんヤバイ救急の重症患者が来る部屋だったんですよ。そこから個室に移って、そのあと一般病棟に移りますってなったときに先生から「だいぶ落ち着いてきていますが、いま頭蓋骨を4分の1外してる状態です」って言われて「えーーっ!?」って。

——開頭手術だったんだと。

柴田　それで「絶対に外してる箇所から脳みそを触っちゃダメですよ」って言われて。でも、そう言われたら触りたくなるじゃないですか。

——触りたくなりますかね……（笑）。

柴田　脳みそがどんな感触か教えてあげましょうか。（おしぼりを上から軽く押しながら）ホントこの感じです。すげえ似てるんですよ。

——おしぼりを触った感じに似てるんですか？

柴田　この感じですよ。まあ、包帯とかしていたので、その上から触った感じに似てるってことですけど。

——脳みそって、直で触った瞬間にめちゃくちゃ気分が悪くなるって聞いたことがあるんですけど、それはなかったですか？

柴田　なかったですね。まあ、そんなに強くは触っていないんで。もしかしたらそれは脳じゃなかったかもしれないですけど、とにかくおしぼりを触ってるような感じがしましたね。なかなかできる経験じゃないですよね（笑）。

——しなくてもいい経験ですよ。頭蓋骨を外してる期間っていうのはどれくらいあったんですか？

柴田　2週間くらいですかね。頭の中で出血しちゃったんで、脳の腫れを落ち着かせるために頭蓋骨を外したままの状態で過ごさなきゃいけないんですよ。その期間がけっこうキツかったですね。脳を触りたくなるし（笑）。それで風呂も入れないんですよ。試合が終わったあとから2週間以上風呂に入ってなかったから気が狂いそうでした。でもまあ、助けていただいたんだからそんなことを口にしちゃダメですよね。それで頭蓋骨を戻して。

——脳がむき出しの状態で2週間。

柴田　それで外した骨は、菌を寄せつけないためにマイナス50度くらいのところで保存してなきゃいけないんですよ。開頭手術をしたときもとくに痛いとかはなかったので「やっと俺の一部が戻ってくる、あとは戻すだけだから余裕だぜ！」くらいに思っていたんですけど、骨を戻したあとに全身麻酔から覚めたら、もう身体が震えるくらい痛いんですよ。痛いのか冷たいのかわかんないけど、とにかく骨がキンキンに冷えてやがる気がして（笑）。

——ヤバイ……!!

柴田　とにかくめちゃくちゃ痛いんですよ。逆にいままでなかったものが入ってきたような、異物みたいなことになってたんじゃないかな。硬膜のかわりにゴアテックスを入れてるし、そこに冷えた蓋をしたら完全に異物じゃないですか。それで「うわあ！」となって、もう1日中震えてましたね。

——いまも脳みそをゴアテックスで覆ってるんですか？

柴田　ずっと覆ってるんですよ。ゴアテックスと共に生きていきます（笑）。

——4分の1、頭蓋骨がない自分の姿を鏡で見たりしました？

柴田　見ましたね。もちろん頭は包帯でぐるぐる巻きで、髪の毛を剃られていた状態だったんですけど、髪がうしろだけ残ってたから、いっそ全部剃ってほしかったってくらい見た目が中途半端な感じになっていて（笑）。襟足が伸びてるし、「これでどうやって外を歩きゃいいんだ？」って。まあでも、そのときはそんな見てくれとかはどうでもよかったんですけど。

——柴田勝頼というひとりの青年は、そのときに何を考えていましたか？

柴田　当分は安静にってことで最初に思い浮かんだことは、「うわっ、G1に間に合わねえ……」って。

——バカヤローですね！（笑）。

柴田　バカヤローです（笑）。でも「G1に間に合わねえじゃん」っていうのが最初に思ったことですね。

——髪もG1までに生え揃わねえだろうと（笑）。

柴田　髪型も元に戻らないし（笑）。

「言葉で説明するのがすげえ嫌だったんですよ。だから『（両国の）リングに上がらせてください。5分だけ時間ください』って言って」

——入院は2カ月くらいですか？

柴田　2カ月くらいですね。

——それからどんどん現実を知っていくわけじゃないですか。いま、この状態はだいぶ奇跡なんだっていうことも含め。

柴田　それで自分のスマホがなんか……。

——初期化されていたってやつですね。あれはなんだったんですか？

柴田　ロックを解除しようとしてくれていた人間が、暗証番号を間違えまくってリセットされちゃったんですよ。だから誰とも連絡が取れないっていう状態になって（笑）。まあ、そういう運命だったんです。それで新日本としても、たぶんこういう状態の自分をどうしていいかわからなかったと思うんですよね。そんななかで木谷（高明）さんがいちばん最初に自分の病室に飛んで来てくれたんですよ。木谷さんって普段からリュックを背負ってるじゃないですか。

——あのビジネスシーンにも対応できる的なやつですね（笑）。

柴田　「自分は動けないんですみません。どうぞイスに座ってください」って言ったら、木谷さんがリュックを背負ったままイスに座ったので、「リュックが背もたれにちょっと乗っかった感じになってるな」って思ったってことをすげえ憶えていて（笑）。

――「タートルズかな？」って（笑）。

柴田　それが逆に心配してくれている感じが出ていて嬉しかったです（笑）。その頃はまだ病室に入れる人間も限られていた時期だったんですけど、そのあとシリーズの間に菅野（洋介）トレーナーも来てくれて。菅野トレーナーにはいろいろと動き回ってもらったので本当に感謝しています。それで「オカダが来たいって言ってる」と聞いたので「それはぜひ。ありがとう」って言って来てもらって。そのときにオカダとした会話はここでは話しませんけど、そういうことがあって、去年（２０１９年）のニュージャパンカップでのオカダ優勝、そのとき放送席に自分も解説でいてっていうストーリーに繋がっていったのはおもしろいですよね。自分がケガした次のＩＷＧＰ戦もきちんと闘って、「プロレスラーは超人です。どんな技を食らってても立ち上がり、最後まで諦めないのがプロレスラーです」って言っていたオカダの姿は、いままでとは少し違って見えましたね。大したもんです。自分との試合は、試合後も精神的にも肉体的にも相当キツかっただろうし。逆にオカダになかった部分がすっぽりと埋まった1試合だったように思います。だからまあ、けっこう壮絶でしたね。

――話を聞いていても、なかなかイメージを共有しづらい壮絶さ。

柴田　それで、試合が終わったあとにすぐに救急車で運ばれて開頭手術をしたっていうのはすぐに報道されていたと思うんですけど、そのあとのことはまったく世に出ていなかったんですね。表に情報がいっさい出ない、触れられない状態っていうのもあり、自分のスマホも初期化っていう（笑）。とにかく誰とも連絡が取れないなかで、そのときは何を考えていたのかなあ？　景色が朝になって、夜になって、朝になって、夜になって、「俺はいつまでここにいるのかな……」って感じでしたね。それでスマホが復活したくらいのときに髙山（善廣）さんから連絡があったんですよ。メールが来て「俺は脳梗塞の先輩だからさ」って励ましてもらっていたんですけど、そのあとですよ、髙山さんがケガをしたのは（２０１７年5月4日）。あの頃ってわりとケガが続いていて、本間（朋晃）さん、自分、髙山さんもっていう。それでけっこう「やっぱりプロレスは危険だ」みたいになったんですけど、それはそれぞれの道を通ってきて起きたケガなのでまったく違うものなのに、全部を一緒くたにされちゃって「またプロレスラーが大ケガしたのか」って。それは当事者として「違うじゃん」と思っていましたね。たまたまタイミングが重なったというだけなのに、それでプロレスがマイナスに見られることが凄く嫌でしたね。

――Ｇ1最終日（２０１７年8月13日）に姿を現したのは、そ

こも理由としてあったんですかね？

柴田　ありました。あれは自分が会社に「両国で控室に戻る前に倒れて、自分の足で帰っていないからそこはやり直したい。続きをやりたい」って言ったんですよ。それで隠れる必要もないんですけど、こっそり隠れながら両国に入って。関係者も一部の人しか知らないくらいで、でもファンの人はそういうの好きですよね？

――大好きですよ。ビックリさせられるのが大好き。

柴田　自分も「ビックリさせたい」と思って。柴田は生きてるのかどうかもわからないってくらい情報がないなかで、だけどそこを言葉で説明するのがすげえ嫌だったんですよ。だから「リングに上がらせてください。5分だけ時間ください」って言って。それでテーマ曲が流れてリングにバーッと上がって一言、「生きてます！　以上！」と。あれも最初は「なんて言えばいいのかな」と思っていたんですけど、一言でいいんじゃないかなって。生きてるから「生きてます！　以上！」って。そうじゃないですか。生きてるのか死んでるのかもわからないヤツが姿を現して、それだけ言えたら。てめえのことはてめえでやりたいっていうのがあって、あれはちゃんと同じ両国でその続きをしたっていうことですね。自分の中でのこだわりですよ。

――そういえば、たしかにあのとき短髪でしたね。入院が2カ月ということは退院したのは6月くらいですよね。そこからはどんな感じで過ごしていたんですか？

柴田　そのとき、両目の視界が真っ二つで（左右ともに右側が）見えない状態だったんですよ。それで何かできることを探していて、これは言っていいのかどうかわかんないですけど、競走馬を治す治療法で頭に凄い強い電流を流すことにトライしてみたんですよ。

――電気治療ですか？

柴田　はい。どこでやったとかは言わないですけど電気治療です。「目は回復しない」って医者から言われてたので、もともと診てもらっていた電気専門で治療をやっている先生に相談して。オリンピック選手とかも診ている先生なんですけど、特別に頭に電流を流してもらって。それがすげえ痛いんですよ。拷問かってくらい。でも電気ショックでもなんでもいいから治したい、ちょっとでも治る可能性があるならばやりたいってことで、その電気治療はめっちゃやりましたね。その年はずっとそればっかやっていました。

――馬用っていうのはどういうことですか？

柴田　ケガをした競走馬の治療をするときに使う道具を使って電流を流してもらうんですよ。たぶん、人間で自分の症状で頭は試したことがなかったみたいなんですけど、それを自分から「やってください」ってお願いをして。

――怖い。怖い。

柴田　１ミリでも視野が広がる可能性があるのならばそれに賭けたいって思っていて。だけど、それをやると次の日はぐったりして何もできないんですよ。

「日本にいるよりもアメリカに行って身体を動かしたほうがいいんじゃないか。とにかく環境を変えたかった」

――自分の意思じゃなかったら完全に拷問ですね。

柴田　ホントに（笑）。まあ、でも自分が歩んできた道を振り返ってみると「これ、やってることが『あしたのジョー』じゃん！」って思いましたね。入院中、何もすることがないからDVDを借りてきてもらって『あしたのジョー』を1から2まで全話観たんですよ。

――視界もままならないなかで。

柴田　病室でDVDを観ることができたので片目でこうやって。病室のいちばんの思い出はそれですね。病室で『あしたのジョー』制覇（笑）。

――だから『あしたのジョー』モードで、そのハードな電気治療に向かったんでしょうね。これは柴田さんは憶えていないかもしれないですけど、ボクが7年くらい前に買ったばっかの新車をすぐにこすっちゃって。それで軽く落ち込んで「ここ、見てくださいよ。こすっちゃいましたよ」って言ったら、「いや、むしろカッコいいですよ」って言ったんですよ。その言葉がすげえ記憶に残ってて。憶えてます？

柴田　憶えてますね。

――「まっさらよりも傷が入ってるほうがカッコいいですよ」「はあ？」ってなって（笑）。その意味がいまだにわからなくて、でもなんとなく柴田勝頼っぽいセリフだなとは思っていて。

柴田　感覚的なものですよね。レスラーだってずっと新品でいられるわけがないっていう。プロレスに甘い道はないんだから、もう傷だらけですよ。いま自分はLA道場のアイツらに「ノーペイン、ノーゲイン」って言ってることが多くて。「痛みを知らないと得るものはないぞ」って。たとえば腕十字とかスリーパーも自分がその痛みを知ってやっと使えるわけで。いまの時代はそれを知らずに使っているヤツが多いんです。だから、いま自分が目をかけているヤツにはちゃんと教えたいなと思っていて、今日なんかもカール（・フレドリックス）が「蹴りを使いたい」って言ってきたんで「じゃあ、ちゃんと蹴ろうよ。ちゃんとホンモノを使おうよ」って言って教えたり。それは自分の歴史をさかのぼったときに、強さを求めて船木（誠勝）さん、桜庭（和志）さんのところにたどり着いたという経験が

柴田勝頼（しばた・かつより）
1979年11月17日生まれ、三重県桑名市出身。プロレスラー。プロレスラーになることを目指し、高校のレスリング部で鍛えたのち1998年3月に新日本プロレスに入門。1999年7月にプレデビュー、同年10月10日、井上亘戦でデビュー。2003年11月3日、K-1ルールでの天田ヒロミとの対決や、新闘魂三銃士、魔界倶楽部の一員として脚光をあびるが、2005年1月に新日本を退団。ビッグマウス・ラウド、総合格闘技で武者修行をおこなったのち、2012年に桜庭和志とともに新日本参戦。後藤洋央紀との対決やタッグ結成、第10代&12代NEVER無差別級王座戴冠などを経て、2017年4月9日、IWGP王者オカダ・カズチカに挑戦。激闘の末に敗れた試合後、病院に救急搬送されて急性硬膜下血腫と診断されて手術を受ける。2018年3月に新日本プロレス・ロサンゼルス道場が新設され、ヘッドコーチに就任した。

あるんで。新日本を退団してから、船木さんと出会って一緒に練習をやって、プロレスと格闘技を完全に切り離してやってたので。最近、船木さんがＹｏｕＴｕｂｅでその頃のことを話してくれていて凄いタイミングだなと思いましたね。のちに自分が新日本に戻ったときは「いいときだけ帰ってきて」って散々言われましたけど、それは戦争で言ったらそっちの国の話。こっちはこっちの国の話があって、国目線ではどっちも正義なわけで。でも自分にとってはそんなことはどうでもよくて、いいものはいいと評価されればそれでいい。船木さんと一緒にやっていたことは自分の中では凄く大事な時間でしたし、桜庭さんと一緒にやっていたということも、いまＬＡで教えている部分で凄く大事な時間でした。そう考えると、これまで無駄な時間というものはひとつもなかったなって。レスラーってみんな若手の頃に海外遠征に行くじゃないですか？　でも自分は海外遠征に出たことがなくて、船木さんは「柴田にとってはあの期間がそれだった」って言ってくれていて。

――格闘技挑戦がプロレスラー柴田勝頼にとっての武者修行ですよね。

柴田　結果的にあれが武者修行だったんですよ。それが新日本プロレスのレスラーとして中身を詰める作業をする重要な時間でしたね。だから船木さんと桜庭さんにはいまでも凄い感謝しています。すいません、なんの話でしたっけ？

――８月の「生きてます！」という挨拶の話をしていましたね。

柴田　見たら生きてるってわかるんですけどね。生きていなかったら両国に来られないんだから。でも入院中、リハビリができるようになってすぐに病院内でトレーニングができるところに行ったんですよ。壁づたいで。そうしたらヒザをついての腕立てができなかったっスよ。

――いや、できないでしょう。

柴田　そのことにビックリして。3回とか5回やっただけで、ふらっとして目が回っちゃうんですよ。それで「うわ、これは時間がかかるな……」と思って。でもそこは私もプロレスラーですから（笑）、それでもしつこく通うわけですよ。「今日も行っていいですか？」って。たいした器具もないんですけど、とにかくやれることをやるんですよ。汗を流したくて。シャワーを浴びる時間も決められているのに「ちょっとすみません。いまからシャワー浴びてきてもいいですか？」みたいな。そんな感じの病院生活を送っていましたね。

――でも生存率がどうこうっていうなかで、身体はそこまで動くわけですよね。

柴田　動いてましたね。ただ若干ふらついたり、左右に差はあったんですよ。やっぱり最初は右の力が弱かったと思います。でも右利きだからいまは右のほうが強いですね。

――先生たちもビックリしてました？

柴田　たぶんビックリしていたと思いますね。退院したあと、年末に病院に行ったときに「ちょっとマット運動とかもしてい

いですか？」って聞いたら「あまり勧められないです」って言われたことを憶えていますね。だからもうずっとストレスを抱えていた日々でした。電気治療も志願してやってはいたけど、やればめちゃくちゃツラいし。そこで「新日本のLA道場ができるらしい」っていう話を聞いて、これは日本にいるよりもアメリカに行って身体を動かしたほうがいいんじゃないかと。それで「もしロスに道場ができるんだったら俺が練習を見たいな」と思ったんですよ。とにかく環境を変えたくなって。

――じゃあ、ヘッドコーチは柴田さんから立候補したんですか？

柴田　立候補しましたね。

――LA道場オープンは2018年3月ですね。

柴田　2017年の終わりのほうに話をして、年明けくらいに「どうなってますか？　俺にやらせてもらってもいいですか？」って言って。新日本もそういう予定ではなかったと思うんですけど、自分にやらせてもらうことになって。

「練習でやったことだけをやれ。練習でやっていないことは絶対にできないんだよ」

――いまは東京とロスを往復する生活ですよね？

柴田　そうですね。ホント向こうに行ってよかったです。ロスは気候がいいし、あとはまわりを気にしなくていいっていうのがストレスがなくて。環境をガラッと変えて、自分の知らない世界に飛び込んでよかった。「あっ、こんな世界があったんだ！」ってくらいに。ロスのいいところは湿気がないってのがいちばんで、やっぱり湿気が多いとうわーってなっちゃうんですよ。あとは裸で外を走れるっていうのもよくて。新日本に入門した頃に「目標は？」って聞かれて「海外遠征」って答えたことがあるんですよ。それはずっと叶わなかったけど、いま海外遠征に行ってるんですよね。コツコツと目標をこなしてるよなって(笑)。

――ボクが遠目に驚いてるのは、LA道場の選手たちを見ていて「アメリカ人ってこんなに寡黙で真面目だっけ？」って。言い方はよくないかもしれないですけど、凄く従順な部分がありますよね？

柴田　ああ。だからアイツらは1期生なんですよ。カール、クラーク(・コナーズ)、アレックス(・コグリン)。あともうひとりいたんですけど1カ月で辞めちゃいました。なんでもスタートって大事だから、彼らには相当厳しくやりたかったんですよ。それで実際に厳しくやったし、その厳しさに耐えたからいまがあるっていうことをアイツら自身もわかってるんで。俺が自分でやってきた練習、その上でこういうプロレスラーとしてやってきたっていうことを、アイツらはすげえ信じてくれているんです。練習もかならず一緒にやってるし、そこの信頼関係ってなかなか作れないと思うし。作れなかったヤツは辞めてるってだけの話で。本当に「日本のヤツらでもついてこれるかな」っていうくらいのことをやってきました。自分が新日本を辞めて通ってきたものとかも含めて教えてるんで。それと新日本にずっとあるやり方とを全部ぶち込んで教えて、そこでもふるいをかける。それが実践できていると思うんですよね。それでカールがヤングライオン杯で優勝したり、LA道場のヤツらを日本に連れて来たら注目されたりもする。そこで自分のやり方、自分のプロレスが通用している手応えみたいなのは感じました。言ったら悪いけど、やっぱ身体能力もあるから日本人の若いヤツらよりもいいんですよ。

――もともとの身体能力が高い人間が濃密な練習をしたらっていう。

柴田　ただ、言っても「ここ(ハート)がいちばん大事だよ」ってことを自分は教えてますね。ハートというかスピリットがいちばんで、技術なんかは二の次でいいと。ようやくいまになってカールに蹴りを教えたり、基本的な関節技を教えたりっていうのをやり出したところですから。

――自らの環境を変えたいというのがロス行きを志願した第一目的だったなかで、自分はコーチとして人にプロレスを教えられる人間だと思っていました？

柴田　思ってなかったです。だけどやっぱり船木さんとやってきたこと、桜庭さんとやってきたことが活きたんですよね。たとえばベーシックな腕十字、スリーパー、アキレス腱、ヒザ十字。そういうのも桜庭さんのところで教えてもらっていたことがいまになって活きてるなと思います。シンプルな技を教えられるのがいちばん大事だと思うし、アイツらはみんな何も知らなさすぎるのにやろうとして、「じゃあ、なんでそれを人前で見せられるんだ？」と。クラークが「試合で腕十字を使いたい」って言ってきたから「は？　俺は教えてねえし、おまえできねえじゃん。だったら俺にかけてみろよ」って言って後楽園大会の試合前にやらせたことがあったんですよ。でも、どこをどうしたら極まるかを知らないんだからできるわけないじゃないですか。だから「ちょっと日本に来たからって調子に乗ってんじゃねえぞ。だったら使うための練習をしろ。できもしないことをカッコつけてやろうとするんじゃない、このバカタレが！」ってすげえ怒って、返り討ちにしてやりました。アイツらに限らず若い連中っていうのは、普段からやってもいないことをいきなりやろうとする傾向がありますね。そうじゃなくて「練習でやったことだけをやれ。練習でやっていないことは絶対にできないんだよ」っていう教え方をしていますね。

――たしかにそれって、格闘技という武者修行期間があったからこそ生まれた思想かもしれないですね。

柴田　桜庭さんのジムでキックミットを持って会員さんに蹴りを教えていたこと、ベーシックなサブミッションを教えていた時期というのは、いまとなってはホントに財産だなってます。いまだとこういう話が表に出ることはほぼないんですよ。『KAMINOGE』くらいしか話せるところがないんで。

――いやいや、そんなことはないでしょ（笑）。

柴田　ホントそうなんですよ。言ったところでうまく伝わらないし、伝えてくれないから自分も言わないだけで。

――ここ数年の新日本のシーンとしては、生え抜きじゃない選手、外からすでに完成している選手が来て活躍しているっていう部分が大きいじゃないですか。

柴田　たしかにそれはありますね。

――じゃあ、道場ってなんだ？　下積みってなんだ？　って話にもなると思うんですけど。

柴田　それは個人の意識の問題だと思いますね。みんな身体能力が高いんだから、もうちょっと意識も高く持ってやればいいのになって思うんですけど。

――そこで高い意識を持ち、実践できているのが意外にも日本よりもLAっていう気がするんですよね。素人目に見ても基礎がちゃんとしてるんだろうなって。

柴田　先生が私ですから（笑）。ちゃんとしていないと帰ってきて俺に怒られますから。ただ、無意味に喰らわせるようなことは絶対にしません。たとえば蹴りがショッパかったら「蹴りってこうだよ」って蹴って痛みで教える。そうしたら「イエッサー！」って聞いてくれるから。道場論ってあるじゃないですか？　昔の新日本プロレス、スクワットを何千回もやる。「果たしてこれが本当に練習と言えるのか？」みたいな。自分のなかではそれはもうやってこいよと。ここで腕立てを何回やりましたとかじゃない、そこをやれたうえでの練習じゃんっていうことをLAではやっているんですよ。

「時代って変わっていくものでサイクルってあるじゃないですか。また、かならず流れが変わるときが来る」

――前時代の練習の否定ではなく、それをやった先の練習をしていると。

柴田　それをやるのは当たり前じゃんって。なのにキャンプとかをやっても、そういう練習の前段階で脱落するヤツが来るんですよ。「プロレスラーを目指してるんだったら、できて当たり前の段階になってから来て」って毎回思うんです。だからおもしろかったのは、アイツらをヤングライオン杯で日本に連れて行ったとき、自分も一緒にツアーを回りながら練習を見ていたんです。それで日本とLAの若手が試合前に一緒に練習をしていたら、基礎体とかはLAのヤツらのほうが全然あるんですよ。もう余裕過ぎて。それについてこれたのが成田（蓮）と上村（優也）だけだったりするんで。

――実際にそういう差があるんですね。

柴田　やっぱLAのヤツらのほうが自分自身に厳しいと思ったし、そこってもう大きく差が開いてほしい、開くべきだと思ってました。そこで開かなかったらウソですよ。そんなもんはウソの世界。だから成田が「LA道場に行きたいです」って言ってくれたときもうれしかったですよ。その入り口を狭めることはしたくないし、いずれにしても新日本の未来なわけだから。未来の芽を摘むようなことはしたくないから「言ってくれたら誰でも。ただ練習はキツイよ」っていうだけで。だから「LAは気合いが違うな」って言われるのは当たり前。気合いが違うんですから。一緒にされたら困るんですよ。俺がやってることなんですから。

――昨今よく話題になっているのが、たとえば寿司職人は「飯炊3年握り8年」なんて言われていて、一人前の職人になるのは10年は修行が必要だっていう。その一方で「ホントは寿司なんて1カ月も練習すれば握れる」という意見もあって、実際に数カ月で寿司を学ぶ専門学校とかもあったりしますよね。じゃあ、プロレスはどうなのか？　ひとつ言えることは、飯炊3年をやってきたかどうかっていうのは、その人の匂いとか雰囲気として出ますよね。

柴田　出ますね。そこってごまかせないんですよ。やれるかやれないか、やってきたかやってきてないか。それは絶対に伝わる。いま自分は毎日プロレスのことで頭がいっぱいなんです。申し訳ないけど。試合ができないっていうのもあって、プロレスのことばっか考えてますよ。試合をしていないぶん、そういう感覚、第三者の目で客観的にプロレスを見れてるから「俺だったらこうするな」って思ったことをアイツらにやらせたりとかしています。

——いまの新日本っていうのは、日本国内の次は北米、ヨーロッパだって感じでビジネス的にはイケイケドンドンの状態ですよね。そうなったら、ひとりでも多くのスター選手を次々と作り出していきたいというのが本音の部分だと思うんですけど。

柴田　いや、自分はそこはハッキリ言います。そんな簡単にレスラーって生まれないですよ。それは実際に言われたことがあります。「どのくらいのペースで選手を輩出できますか？」と。「そんなすぐにできるわけねえじゃん、人間だよ！」って。いくら頭のキレるビジネスマンだろうがそこを計算して生み出すことは絶対に無理ですから。ホントそこは一緒にしてくれるなって。物じゃねえんだからさ。で、さっきの、そんな数カ月で覚えた握りのフェイク寿司を食って誰がうまいって言うんですか。魂のこもった寿司なんか握れないですよ。

——そこには確信があると。

柴田　いまの新日本も素晴らしいと思うし、凄いレベルのことをやってると思うんですけど、時代ってやっぱり変わっていくものでサイクルってあるじゃないですか。また、かならず流れが変わるときが来ると思うんですよね。そのときの準備じゃないけど、どんな流れになってもいいように。そのとき、無理やり作られたプロレスラーは単純にどこからも需要がなくなるわけですから。それでいいんじゃないですかね。自分がやっていることってずっとブレていないと思うんですよ。言い続けていることも、やっていることも、たぶん4年前や5年前の映像を観てもそんなにたいして変わっていないと思うんです。その自信はありますね。多少は柔軟にはなっているかもしれないですけど。人がどれだけ入っていようが、人がどれだけいなかろうが、同じことをするんですよ。観客がひとりだろうが、6万人だろうが、同じ試合をするんですよ。同じ寿司を握るんです。「この程度でいいかな」っていうのは絶対にしたくないですね。だからアイツらにもさせたくないし。

——かつて新闘魂三銃士という棚橋（弘至）さん、中邑（真輔）さんの3人で括られた時代がありましたけど、やっぱり柴田さんだけですよね。プロレス以外のことはもうなんにもできないっていうのは（笑）。

柴田　逆にしたくない。

——したくないというか、できないんですよ（笑）。

柴田　できないんだ（笑）。

——「したくない」っていうカッコいい話じゃなくて、もっと切実ですよ。だからホントに悲壮感しかないですよね。

柴田　悲壮感はあっていいんじゃないですか。今日この瞬間、この試合が最高であることがベストだと思ってやってきたわけですから。

——棚橋さんは新日本を守ること、なんとか立て直したいというのがモチベーションというか、それを証明するためにやってきて、中邑真輔はたぶん新日本ではやることがもうなくなってしまって海外へと歩を進めた。柴田さんは、この欠場期間中も含めて人生すべてをプロレスに捧げているなかで、何を証明したいんですかね？

柴田　何を証明したいか……わかんないですね。そんなこと聞かれたことがないから。

――わかんねえっていうのは職人ですね（笑）。

柴田　生まれたときから迷い始めてるんで（笑）。でもプロレスは人生ですよ。

「いままで忘れていた感情や感覚を思い出しました。身体から変な汗が出てくるっていうか、気合いが入っちゃうというか」

――そのビジョンがないっていうのが逆にアドバンテージになってますよね。

柴田　もう感覚的に生きすぎてて自分でもわかんないですよ。

――動物的というか。

柴田　そういえば、こないだ中邑と会いましたよ。

――ああ、SNSで棚橋さんも一緒のスリーショットを見ました。

柴田　中邑とちゃんと話をしたのはあのときが2回目ですよ。

――えっ、ちゃんと話をしたのが2回!?　ということは1回目は中邑さんの壮行試合のあと？

柴田　そうです。

――あのときが初めてちゃんと会話を交わしたときだったんだ。で、今回は何を話したんですか？

柴田　LA道場の話ですね。まあ、LA道場つながりと言えばそうじゃないですか。

――旧LAと新生LAで（笑）。

柴田　あっちはサンタモニカのけっこういいところでしたけど（笑）。でも、まあ気にはしているのかなって。自分がTJPとかロッキー（・ロメロ）だったりの元LA道場の選手たちともいまやっているから、そういう話ができるのがおもしろいですよね。やっぱりみんな新日本プロレスが好きなんだなって。だからどこでどうなるかホントにわからない、人生なんて。わかっていたらおもしろくないですし。あの3人（新闘魂三銃士）で1枚の写真に収まったのもこないだが初めてなんですよ。3人で並んで写真を撮るなんて、プライベートでもプライベートじゃなくても初。

――たしかにすげえ合成っぽかったですもんね（笑）。

柴田　アッハッハッハ！　やっぱプロレスって人生っスね。ホントそれしかないですよ。自分がプロレスラーじゃなかったら何も残らない。だから18％以下の確率で助かったっていうのは何かやる意味があるんですよ。死んでいてもおかしくなかった、あれが最後でも仕方なかったなと思えるくらいのことだったなと思いますし、何も後悔はないですよ。ただ、生きているからなんかやることがあるんだなと思ってます。今日もコスチュームを着たのなんか3年ぶりですよ。

――オカダ戦以来ですか？

柴田　はい。やっぱ身につけてみて、いままで忘れていた感情とか感覚みたいなのを思い出しましたね。身体から変な汗が出てくるっていうか、気合いが入っちゃうというか。

――コスチュームに着替えて入って来たとき、見た目から変わりましたからね。別人みたいに。

柴田　だから、こういう機会を作ってくれた井上さんには感謝しかない。「ありがとう」って言いたいです。これはホントに。

――目の前にいるんで、直で言ってもらえたら（笑）。

柴田　アハハハハ。この取材がなかったら自分はコスチュームを引っ張り出してきて、着ていないですから。今日は自分の中で死にかけていた細胞とか記憶が少しよみがえった気がします。なんだかんだでこの『ＫＡＭＩＮＯＧＥ』１００号に合わせて1カ月くらいで7キロ落としたんですよ。で、ケガする前よりもむしろいまのほうがコンディションもいいし、やっぱりＬＡのヤツらにプロレスを教えたりしていると自分もやりたいことが出てくるんですよ。ぶっちゃけた話、自分はオカダ戦で終わってもいいと思っていたんです。「あれがもう最後でいいや。とっとと辞めよう」と思っていたくらいなんです。だけどいま思うことは、自分がやれること、やれる試合ってまだ絶対にあると思うので。その流れを動かすのはなかなか難しいから、今年1年かけて身体を作って、来年はちょっとそこに向かって行きたいなと。わかんないですよ？　ドクターストップがかかるかもしれないし、どういう状況になるかわかんないですけど、自分はそこを目指すしかない。いまはその選択肢しかなくて、それが生きる目標になってるんで。自分は生きがいがないと死んじゃうんですよ、残念なことに。

――最後に。柴田勝頼は現役のプロレスラーですか？

柴田　イエス！

――初めて英語が出た（笑）。

柴田　今年1年は飯伏（幸太）の身体を目指してがんばります。以上！

LA

きむコロ列伝!!

第100回　ジャイアント馬場バルに行ってみました

バッファロー吾郎A

ジャイアント馬場バルにせきしろ氏、ナッツ氏、や団本間キッドの4人で行った。

このお店は『馬場家へのご招待』をコンセプトに今年の1月31日に新橋にオープンしたばかりで、馬場さんの秘蔵コレクションが展示されているなかで馬場家ゆかりの料理に舌鼓を打てるお店らしい。

駅から3～5分で到着。店の前には馬場さんの手形があり、せきしろ氏が手を当てるとスポーツ行進曲（日本テレビスポーツテーマ）が流れて入店前からテンションが上がる。ドアを開けて階段を降りると馬場さんのシューズがズラリと並んでいる。馬場さんの靴といえば『馬場さんの靴の中で仔猫が昼寝をしていた』という逸話があるが、大きな靴を見るとあながち嘘ではないような気がするし、それを見た鶴田選手が入団を決意するのも頷ける。

ほかにもガウンや葉巻やベルト（レプリカ?）が展示されていて馬場ワールドを堪能できる。いちばん印象的だった展示物は馬場さんと元子夫人の結婚前の交換日記で、読んでいるこっちが頬を赤らめてしまうほどのラブラブな内容で馬場さんが元子夫人にメロメロなのがかわいい。

席に座って生ビールとひよこ豆のサラダを注文。ビールジョッキは馬場さんの16文キックにちなんで靴の形。靴型のジョッキで飲む時はコツがあって、つま先を下にして飲まないといけない。上にして飲むと空気が入って〝コポコポ〟とビールがはじけて顔にかかってしまう。このコツはドラマ『男女七人夏物語』で学んだ。余談だが『男女七人秋物語』での有名な台詞は「もう遅いねや」ではなく、「桃子、遅いよ。もう遅い」が正しい。

閑話休題。店内には大きなモニターがあり、そこでは過去の試合が流れていて、ほとんどのお客さんが画面を黙って観ている。あらためてココが馬場さんとプロレスが大好きな人が集まる店だと認識。私たちもひよこ豆のサラダの旨味をビールで流し込みながら観入る。ちょっと驚いたのは映像が『馬場名勝負集』ではなく、昔ビデオでまとめ録りした『全日本プロレス中継』をDVDに焼いたモノなので、途中で当時のCMが入る。会長自ら出演しているピップエレキバンのCMやスクーターのスズキ・蘭のCMに伊藤蘭さんが出演しているなど、懐かしいCMが観られるのも楽しい。スマホで調べるとスズキ・蘭は1983年に発売されているので、いまから約37年前の映像である。

調べてみると当時の全日本プロレスのベルトはまだ三冠統一ではなく、PWFヘビー級王座がハーリー・レイス。インターナショナル・ヘビー王座がブルーザー・ブロディ。UNヘビー級王座がジャンボ鶴田選手。当時馬場さんが保持していたのは鶴田選手とのインターナショナル・タッグ王座のみのようだ。

私たちはお店に3時間弱ほどいたが、放送されたタイトルマッチは佐藤昭雄&石川敬士vsドリーム・マシーン&ジプシー・ジョーのアジアタッグ王座のみ。正直、馬場バルに来たからには馬場さんのタイトルマッチを観たかったが、そのかわりに超レアな試合を観戦できたので嬉しい。

ただ、私は小さい頃ジプシー・ジョーが大嫌いだった。『イスで背中を殴ってもイスのほうが壊れてしまうほど頑丈な身体』という、必殺技とは言い難い技がダサいと思ったし、殴られるのは反則をやるからであって、日本人選手に負けるジプシー・ジョーを見て「ざまあみろ」と思っていた。

37年ぶりにジプシー・ジョーの試合を観る。コイツのやられっぷりを見たら酒もうまいだろう。

ゴングが鳴って試合序盤。あれ？ ジプシー・ジョーがクリーンファイトでグラウンドを展開している。いや、ここから汚い反則をやるハズだ。ちょっと待て、先に反則を仕掛けたのは王者組の佐藤&石川だ。

結果はジプシー・ジョーがフォール負けをして佐藤&石川組が防衛成功。

この日、ジプシー・ジョーは悪いことをひとつもやらなかった。

それなのに試合後、突如大仁田選手が乱入。場外でジプシー・ジョーをイスで殴る。もちろんイスが壊れる。

「こんなのジプシー・ジョーがかわいそうですよ。これじゃまるで童話の『泣いた赤鬼』ですよ！」と本間キッドが怒った。

本間の言葉が私の心に突き刺さった。

ジプシー・ジョーはいい人だった。

37年間、私はジプシー・ジョーに悪いことをした。謝りたいがこの世にいない。

私はジプシー・ジョーが大好きになった。馬場さんのタイトルマッチは観られなかったけど、馬場バルに来て本当によかった。

けっこう長い時間居座ってしまったので、2軒目に移動しようと会計を済ませて階段を上り始めると、下から全日本プロレス中継の来週の告知が聴こえてくる。

「来週はザ・グレート・カブキの日本デビュー戦、そしてアメリカはセントルイスよりPWFヘビー級選手権、ハーリー・レイスvsジャイアント馬場の試合をお送りいたします」

やっぱり馬場さんのタイトルマッチが観たかった。

YouTubeチャンネル『ばごえーマニア』の登録をよろしくお願いいたします。

バッファロー吾郎A／本名・木村明浩（きむら・あきひろ）
1970年11月24日生まれ／お笑いコンビ『バッファロー吾郎』のツッコミ担当／2008年キングオブコント優勝

KAMINOGE 100th anniversary

お祝いコメント特集

おかげさまで『KAMINOGE』は100号を迎えることができました。
ここで編集部が無理やり採取した皆様からのお祝いコメントをご紹介します。

青木真也／朝倉海／浅倉カンナ／浅倉洋平／有馬和樹／伊賀大介／飯伏幸太／宇野薫／MCゆかりん／葛西純／菊田早苗／北野雄司／KENTA／甲本ヒロト／五木田智央／サイプレス上野／桜庭和志／佐々木賢之／嶋田隆司／スーパー・ササダンゴ・マシン／ターザン山本！／高木三四郎／髙田延彦／髙山善廣／武田有弘／田崎健太／棚橋弘至／田村潔司／ちゃんちゃら／長州力／所英男／中溝康隆／中邑真輔／中村拓己／那須川天心／浜崎朱加／藤井健太郎／前田日明／松丸淳生／丸藤正道／宮田充／武藤敬司／矢地祐介／柳澤健／山口淳／山本アーセン／山本美憂／ヨシタツ／渡辺友郎（50音順・敬称略）

僕は献血106回です。
青木真也（格闘家）

100号おめでとうございます！
また表紙のオファーお待ちしてます！
朝倉海（格闘家）

100号おめでとうございます！
『KAMINOGE』みたく愛される格闘家になります。
これからも楽しみにしてます。
浅倉カンナ（格闘家）

えっ、100号？ 100くらいじゃ俺も読者も満足できないでしょ？
だって俺、デッドリフト200キロ挙げるからね。
浅倉洋平（一般の力持ち）

ふと耳に入ってくる流行りの曲の歌詞に対して
「そんなの『KAMINOGE』に載ってるよ」と思いつつ
本屋で手にとること99回。
悩めるミュージシャンの秘密の聖典こと
『KAMINOGE』の100号到達に敬礼!!!!
有馬和樹（おとぎ話）

100号というと、ちょうど猪木さんがジョニー・バレンタインと
血染めの激闘を繰り広げた頃ですかね。
まだまだこれから高く険しい道と、底なしの沼があると思いますが、
迷わず行こうぜ！ オメデトーッ!!!
伊賀大介（スタイリスト）

『KAMINOGE』は何度か表紙を撮影していただきました。
話より撮影や場所選びに時間を費やしていただいていたので
「ついにグラビアか!?」と思った記憶が3回はあります。
飯伏幸太（新日本プロレス）

まごうかたなき
不世出のスーパースター
俺たちはいつまでも
闘魂を追い続ける!!

王袋筋太郎

アントニオ猪木

“燃える闘魂”

変態座談会

収録日：2020年3月2日
撮影：タイコウクニヨシ
構成：堀江ガンツ

「ダイヤモンド・プリンセス号に行ってやろうかと思ったんだけど、みんなに猛反対を受けてね。俺はすぐ動いちゃうからさ」（猪木）

ガンツ　玉さん！　今回の変態座談会は『KAMINOGE』の100号記念として、スペシャルなお客様に来ていただきました！

玉袋　おまえ、大変だよ。同席させていただくなんて畏れ多いよ！

椎名　神様ですからね。

玉袋　降臨していただいたよ、ホントに。

ガンツ　というわけで今回のゲストは、〝燃える闘魂〟アントニオ猪木さんです！

玉袋　会長！　本日はお世話になります！　また先日は喜寿おめでとうございました！

猪木　ムフフフ。今日はなんの話なの？

ガンツ　じつはこの企画では、ボクらが子どもの頃から憧れている方々にレスラー人生を振り返っていただくインタビューをやっておりまして。『KAMINOGE』という雑誌が100号を迎えた記念として、猪木さんにご登場いただいた次第です。

玉袋　ボクはいま53歳になるんですけど、ガキの頃からずっと追いかけさせていただいていて。そんな存在は猪木さんだけなんですよ！　本当にありがとうございます。

猪木　いやいや（笑）。

椎名　ボクらは何か苦しいことがあったら、猪木さんの言葉を思い出して、毎回なんとか乗り越えようとしてますから。

玉袋　猪木さんの歴史には大変な逆境が何度もあって、「その猪木さんの逆境に比べたら俺なんてどうってことねえ。ちっぽけなもんだ」と、そういうふうに物の考え方をさせてもらってます。

椎名　『燃えよ闘魂 アントニオ猪木・自伝』の「えい、行くぞ！　開き直るのが自慢ではないが私の精神力の強さだと思う」っていうのをボクは遅刻のたびにいつも思い出させていただきました（笑）。

ガンツ　自分の中にある猪木イズムの一例がそれですか！（笑）。

椎名　怒られるの怖いけど、「行くしかない！」って（笑）。

玉袋　猪木さんのレスラー人生もそういったことの連続ですか？

猪木　なんだかわかんないけど、必死になってがんばって生き

[変態座談会出席者プロフィール]
玉袋筋太郎（1967年・東京都出身の53歳／お笑い芸人／全日本スナック連盟会長）
椎名基樹（1968年・静岡県出身の52歳／構成作家／本誌でコラム連載中）
堀江ガンツ（1973年・栃木県出身の46歳／プロレス・格闘技ライター／変態座談会主宰者）

[スペシャルゲスト]
アントニオ猪木（あんとにお・いのき）
1943年2月20日生まれ、神奈川県横浜市鶴見区出身。元プロレスラー・元政治家。
1960年4月にブラジルで力道山にスカウトされ帰国し、日本プロレスに入門。同年9月30日、大木金太郎戦でデビュー。東京プロレス、新日本プロレスを旗揚げして、数多くの名勝負を繰り広げ、日本に空前のプロレスブームを巻き起こす。またプロレス最強を標榜し、異種格闘技戦にも乗り出してモハメド・アリらと激闘を展開、のちの総合格闘技の礎を作る。1989年には参議院議員選挙で当選して初の国会議員プロレスラーとなる。1998年4月4日に現役を引退。PRIDEエグゼクティブプロデューサー就任やIGF旗揚げ、またCMや映画出演などでも活躍。2010年には日本人初となるWWE「殿堂（ホール・オブ・フェイム）」に認定された。

てきたから。そういう姿を見て、何かを感じ取ってくれた人たちがいるのかもしれないけれど、自分としては無我夢中で走り続けてきただけというね。

玉袋　そういう猪木さんの姿にボクらは勝手に元気をもらってたんですよ。だから先日、長州さんが「猪木さんが国民栄誉賞にならないのはおかしい」って言ってたんですけど。

猪木　そういうものにはまったく興味がないんだよ。

玉袋　ですよね！　だからボクたちも国民栄誉賞じゃ小せえと。猪木さんの場合は地球規模なんだから、国民栄誉賞なんかじゃ収まらないスケールなんだって思ってるんですよ。

猪木　とにかく勲章はいらない。もらってもしょうがねえよ、そんなもん（笑）。

ガンツ　いまさらだし、猪木さんは常に現在進行形で未来を見ていますもんね。

玉袋　そういう意味で、猪木さんは以前から「世の中が乱れ、混乱したときこそ俺の出番！」って言われてますけど。どうですか、いま世界が新型コロナウイルスで非常事態ですけど。

猪木　あのクルーズ船（ダイヤモンド・プリンセス号）で、いま何が起こっていて、何が必要なのかっていうのがありながら、誰も動く人間がいない。じゃあ、景気づけに俺が行ってやろうかと思ったんだけど、みんなに猛反対を受けてね（笑）。

ガンツ　ダイヤモンド・プリンセス号に乗り込もうとしていましたか（笑）。

猪木　俺の場合、思いつくとすぐ動いちゃうからさ。昔からイラク（人質解放）にしても何にしても、思いついたらもうそこにいたというね。
玉袋　その行動力が凄い！　そこらのビジネス本の「すぐやる人」どころじゃないというね。
猪木　それにみんな言わないけど、俺も昔45日間の船旅をしたからね。
椎名　家族でブラジルに移住したときですよね。
猪木　そのときは船倉といって荷物を置くところが寝床になってるんだよ。船はこう揺れるんだよね。そうしたらみんなもうゲェゲェ始めるし。いまの人たちは豪華船だから船自体は快適だろうけど、そこに閉じ込められるのは大変だろうと思ってね。
椎名　それを思い出したんですね。「船酔いには逃げ場がない」って『猪木寛至自伝』にも書いてありましたもん。
猪木　俺は若かったからある程度は平気だったけど、やっぱりおふくろとか歳のいった人たちにはキツかったんじゃないですかね。ちょっと海が荒れちゃうとね。だって1万トンもないくらいの船ですから。
ガンツ　出港するときに紙テープが届くくらいですもんね。
玉袋　サントス丸はいま思うと小さかったんだ。それで赤道を越えて、地球の裏側のブラジルまで行くわけですもんね。
猪木　でも、けっこうそれなりに楽しんで過ごしたのかなと思ってね。ほかの船と出会うことってあんまりないんだけど、たまーに沖合で「うわっ、船が通った！」って見えるとそれだけでうれしかったり。あとはトビウオが甲板にバンバン上がってきたり、イルカが追っかけてきたりとかもあってね。

ガンツ　60年以上前ですから、そんな光景はテレビでも観てないわけですもんね。

猪木　テレビ自体がないんだから（笑）。見るものすべてが初めてだからね。

「なんで早く映像化してくれないんだ。アリ戦だけでも映画になるし、中学の途中でブラジルに渡るってだけで映画だもん」（玉袋）

玉袋　ただ、その航海の途中、お祖父様が船の中で亡くなられたっていう悲しいこともあったんですよね。

猪木　ちょうどパナマ運河を越えていくときに水路が狭いんですよ。手を伸ばせば届くっていうわけじゃないけど、両脇がジャングルで、工事で亡くなった人たちの墓標がずらっと建っていてね。

椎名　運河工事で亡くなった方々のお墓ですか。

猪木　そうなんです。で、おじいさんはそれまで元気だったんだけど、パナマの逆側のクリストバルっていうところで、バナナが1本100円とか200円ぐらいした時代に、こんなでっかい房が1ドルで買えたんですよ。

ガンツ　日本ではバナナが高級品だった時代に。

猪木　それを抱えて船で食ったのがもとで死んじゃうんですけど。

椎名　バナナは青いままだと毒があるって言われてますもんね。

猪木　そのときの場面場面がね、自分の頭の中の映像としていまだに残っている。船が東に向かって、クリストバルを出てから3日目かな。急変して、腸閉塞を起こしたのがもとで死ぬんですけどね。乗船者が500人くらいかな。みんなで送ってくれて、棺桶に鉛を入れるんですよ。それをクレーンで吊って、船長の合図で海に沈めて黙祷をしてね。結局、「人の死っていうのはこんなにあっけないものなのか」っていうのを初めて感じたのがあのときで。西日を背に悲しみの涙を流したっていうのも、それが最初ですかね。

ガンツ　そのときの思いや光景が、いまだに鮮明に残ってるんですね。

猪木　これが俺の人生のなかでひとつの大きな出来事で。ほかにも娘を亡くしたり、あるいはこないだ女房が亡くなり、それぞれの死があるんですけどね。俺の場合は、あの船の上での経験があるから、死に対する考え方っていうのがほかの人たちとはちょっと違うのかなって。だから「花に嵐のたとえもあるぞ、さよならだけが人生だ」っていうね。話がそれちゃったけどいいですか？

玉袋　いやもう、最高です！

猪木　これは何回もしゃべってるから、同じことをしゃべるのも照れくさいんだけど。やっぱりおじいさんが自分の死をもって俺に何かを残してくれたというか。ハッキリと「こうだ」と言ったわけじゃないんだけど、「夢を持て」とか「乞食でも世界一になれ」とか、ひとつひとつの言葉が人生を歩むためのひとつの道しるべというかね。これまで人生を歩んできた基本がそこにあるのかなって。

椎名　闘魂の根本になっているってことですね。

玉袋　凄い体験だもん。普通はできないよ、そんな体験。だから猪木さんを映画化するとしたら、第一作はそこで終わりだから（笑）。

椎名　猪木さんの伝記映画は昔から観たいと思っているんですよ。

玉袋　俺もなんで早く映像化してくれないんだっていう。モハメド・アリ戦だけでも映画になるし、中学の途中でブラジルに渡るってだけでもう映画だもん。

猪木　今度また、旅をしようと思っていてね。昔まわったところをもう1回まわってみたいなって、いろいろ考えていたんだけど。去年は体調も悪かったけど、やっと元気になってきたんでね。

ガンツ　やっぱり、〝闘う旅人〟アントニオ猪木ですもんね。

猪木　だからもう一度、パナマ運河を船で渡るのもいいかなって。ただ、40日も50日も船旅をするのはもう無理だから、メキシコからでもいいからパナマに行ってね。

玉袋　おじいさんの思い出の旅をするわけですね。

猪木　当時のパナマはジャングルでヘビがとぐろを巻いていたり、ワニが甲羅干ししていたりしてね。そういう光景も、いまはテレビで紹介されるから当たり前になっちゃったけど、当時は見るものすべてが初めてのことばかりだからね。

ガンツ　いまに置き換えれば、宇宙旅行に行くようなもんなんでしょうね。

猪木　だから、そういう旅をもう1回ね。いまはたいした時間じゃないから。運河を越えて向こうの港に着いて、ベネズエラまで行くという。ベネズエラはちょっと治安が悪いからどうなるかわからないけど、そういう旅をいま計画中なんですよ。

玉袋　いいですね〜。

ガンツ　猪木さんの思い出をめぐる旅なんて、猪木信者はみんなついて行きたがると思いますけど。昔の「闘魂猪木塾」みたいにファンもついていくってことはできるんですか？（笑）。

猪木　ムフフフ。いいですよ（笑）。

ガンツ　それは最高ですね！（笑）。

椎名　昔、パラオのツアーで「猪木さんが選んだ好物が詰まったお弁当が出る」っていうのを見て、「行きたかったなあ」って思いました（笑）。

猪木　パラオにはこないだ行ってきましたよ。

玉袋　そうなんですか！　ボクも以前、テレビのロケでパラオの島で撮影していたら、たまたま向かいにある島がイノキアイランドだったんですよ。「うわー、ここだー！」って。あれはパラオの偉い人に博多人形を贈ったら、お返しに島をもらったっていう話を聞いたんですけど、本当なんですか？（笑）。

猪木　そんなことじゃないけど（笑）。たしかあれはアリ戦のあとですかね。

椎名　そんな昔だったんですか。

猪木　みなさんが日の丸を振って迎えてくれてね。要はパラオというのは戦前は日本に統治されていたわけだけど、戦後になって日本からすっかり忘れられてしまった。そのなかでふたたび日本とつながりを持とうというときに、パラオにおける日本のスターというのが美空ひばりさんと私だったという。それで私は二つ返事でオッケーだったんで行くことになったんですけど、「我々は貧乏でプレゼントは何もできないけど、島はいっぱいあるから選んでくれ」って言われたんで、選んだのがイノキアイランドなんですけどね。

椎名　もはや神話のような話ですね（笑）。

猪木　パラオもだいぶ景色が変わっちゃったけどね。当時はあの美しい海の中にサンゴの林がぶわーっと広がっていてね。それがいまはみんな倒れちゃってる。やっぱり、そういう状況を見ているから、その頃から自然環境なんかも考えてね。

ガンツ　すべて自分の目で見たことが出発点なんですね。

猪木　それでサンゴを植えて見事に繁殖したところもありますよ。でも俺らが植えたくらいの数ではたかが知れてますからね。まあ、そういう金儲けにならないことばっかりやってきて（笑）。

ガンツ　猪木さんが早くからエネルギー問題に関わっていたのも、ブラジルでの経験が関係していたりするんですか？

猪木　それはだいぶあとですけどね。ブラジルに移民で行ったときはそんなことを思っていませんよ。生きることが精一杯だったんで。コーヒー豆を作って、指がささくれになってね。

椎名　手袋がなくて素手で収穫していたんですよね？

猪木　いまはうまく収穫する方法があるんだけど、昔は手でしごいて落としていたから。

「北朝鮮に行って帰ってきたら俺の荷物を1個1個開きやがって。嫌がらせでパンツの中まで見てるから」（猪木）

椎名　猪木さんが、常にグローバルな視点で物を見ているのは、やはり若いときにブラジルという海外に出ていたことが影響していますか？

猪木　それだけじゃないですけどね。ただ、やっぱり冒険心があるんですよ。何か人が見ていない、やっていない、そういうことに凄く興味があって。

ガンツ　それを加速させたのはモハメド・アリ戦ですよね。知名度が世界的に上がったことで、いろんな話が来るようになっ

て。
猪木　冒険はその前からやってるんですよ。アフリカなんかにも行ったし。
椎名　付き人時代の藤波（辰爾）さんが置いていかれたんですよね？（笑）。
猪木　置いていったわけじゃないですよ。言っちゃうけど、ケニアに『アカサカ』っていう日本食レストランがあったんですよ。そこで俺に所用ができちゃって、電話もちゃんと繋がらない時代だったから帰ることになってね。それで藤波に「どうしても1日も早く帰らなきゃいけないから、おまえは予定通りに帰ってこいよ」って言って。レストランの支配人にも全部言い伝えて、その支配人が藤波を迎えにいく手はずになっていたんですよ。
椎名　なのに迎えに行かなかったんですか？
猪木　俺はその人から、ケニアでいちばん大きな象牙を買ったんですよ。それでお金が半分しかなかったから、あとで半分送るってことで半額分だけ置いてね。それで翌日空港まで送ってもらって「あとはよろしく」って頼んでおいたんだよ。そうしたら、その野郎がカネを持ち逃げしちゃったんだよね。それで藤波の迎えにも来なかったっていう。だから、わざわざ置いていったわけじゃないんだから（笑）。
ガンツ　それで藤波さんはマサイ族に囲まれながら、自力で必死に帰国したわけですね（笑）。

玉袋　それにしても、「ケニアでいちばん大きな象牙を買った」という、いまならワシントン条約に引っかかる話がサラリと出てくるところが凄い！（笑）。

猪木　あの頃は、象牙にしても動物にしても普通に輸入できましたからね。だから昔はシマウマの皮なんか10枚くらい平気で送ってもらってたんだけど、そのあとからワシントン条約が始まってね。

ガンツ　猪木さんがライオンを飼っていたっていうのはホントなんですか？

猪木　うん。

椎名　えーっ⁉　日本でですか？

猪木　ウチのマンションで。ムフフフフ。

椎名　大丈夫だったんですか？

猪木　いや、大丈夫じゃなくて1週間でギブアップしましたよ（笑）。

ガンツ　そうだったんですね（笑）。でも、どういうきっかけでライオンを飼うことになったんですか？

猪木　いやあ昔はね、俺がなんか言ったら贈ってくる人がいたんだよ。ある日、なんか箱が届いててさ、「なんだよ、この箱？」って開けてみたらライオンだよ。

椎名　子ライオンですか？

猪木　生後6〜7カ月くらいかな。でもけっこう大きい。

玉袋　箱入り娘っていうのは聞いたことあるけど、箱入りライオンはなかなかない！（笑）。

椎名　『舌切り雀』の大きなつづらみたいな話ですね（笑）。

猪木　その頃はワシントン条約がまだだったから、いろいろ買いましたよ。マンモスの牙だとか、クレオパトラの張り型とか（笑）。

ガンツ　新日本プロレスの事務所に、ある日突然ガラガラヘビが届いたことがあるって聞いたんですけど（笑）。

猪木　ああ、ガラガラヘビは20匹ぐらいいたのかな。その当時、酒のコマーシャルをやってたんですよ。それで蛇酒を作るのにそこは検疫所を持っていますから。で、ブラジルにブタンタン研究所っていうのがあって、そこには世界中の毒蛇がいるんだけど、ガラガラヘビを20匹ぐらいもらってね。箱に入れて帰ってきて、そのまま事務所に持って行ったら「なんですか、これは？」って聞かれて、「毒ヘビだよ！」って（笑）。

玉袋　「毒ヘビだよ！」（笑）。

ガンツ　そんなに簡単にブラジルから日本へガラガラヘビを持ち込めちゃうものだったんですか（笑）。

猪木　そのぐらいおおらかだったんですよ。ところが近年は、北朝鮮に行って帰ってきたら俺の荷物を1個1個開きやがって。もう嫌がらせでさ、パンツの中まで見てるから。

玉袋　えーっ!?

猪木　ピストルを持ってるわけでもなければ、麻薬を持ってるわけでもないのに。とにかく税関にはやられましたね。

玉袋　昔の芸能界でピストルブームがあったじゃないですか。古今亭志ん朝さんが捕まったりとか、お相撲さんとか。猪木さんはピストルのほうは？

猪木　ああいうのは好きじゃないんですよ。でも、好きってことにさせられているけどね。

ガンツ　まあ、1993年ごろのスキャンダルのときに、ピストル輸入疑惑とかいろいろ書かれてましたからね。

玉袋　あった、あった！

猪木　あんなもんは、いまはもういい思い出話だよ。当時は毎日ワイドショーのカメラが来てね。

玉袋　でも、あのときは相当ストレスが溜まったんじゃないですか？

猪木　ストレスが溜まるも溜まらないもこっちは必死ですよ（笑）。もうネタが終わったと思ったら、また火がついてね。まあ、いまはワイドショーもちゃんと裏を取ってやってますけど、昔は裏なんか取らねえから。

玉袋　そうですよねえ。

猪木　まあ、それを仕掛けた人間がもう離れて行ったからいいけど。だからワイドショーなんか関係ない。「来たきゃ、来いや！」って。

ガンツ　「いつ何時、誰の挑戦でも受ける！」と（笑）。

猪木　それで生き残ったんだからたいしたもんでしょ？

玉袋　ホントそうですよ。

「ボクらがたくさんの異種格闘技戦を観ることができたのは、アリ戦で背負った借金のおかげなんですね」（ガンツ）

猪木　普通、あんなのが載ったら芸能人とかの人気商売は終わりでしょう。

玉袋　いっさいテレビに映らなくなりますからね。でも猪木さんはあれだけのスキャンダルでも「どうってことねえよ！」ですもんね。

椎名　その精神力が凄い！

ガンツ　そういうのを逆に力にしたぐらいですか？

猪木　そんな余裕はないですよ（笑）。

ガンツ　余裕はない（笑）。

猪木　そんなものはたまたま通り抜けて、「今日また生きてるわ」って思うだけでね（笑）。

玉袋　たとえばアリ戦で莫大な借金を背負っちゃうわけじゃないですか。あのときはどうだったんですか？

猪木　まあ、借金を抱えてしまったからには、働いて返すしかないし。当時、テレビ朝日に三浦（甲子二）専務っていうのがいてね。格闘技戦にかなりのお金を出してくれたんで、たぶん1年か2年くらいで返しちゃったんじゃないの。

玉袋　異種格闘技戦は通常の『ワールドプロレスリング』じゃなくて、特番の『水曜スペシャル』枠でしたもんね。その放映権料を返済に充てて（笑）。

ガンツ　ボクらが一連の異種格闘技戦をたくさん観ることができたのは、アリ戦で背負った借金のおかげなんですね（笑）。

猪木　「アリがとう」ってね（笑）。ダーッハハハ！

ガンツ　猪木さんのダジャレが生で聞けて感激です（笑）。

玉袋　でも、ああいう誰もやらないことをやったというのが凄い。モハメド・アリを引っ張り上げるなんて、「そんなことできるわけないだろ」って、まわりからは絶対に言われたと思うんですけど。

猪木　みんなボロクソでしょ。

ガンツ　でも猪木さんは「できる」と信じていたわけですか？

猪木　いや、できるできないっていうよりもアリがいちばん強いっていうから挑戦状を出したわけで。あれをパフォーマンスだなんだって週刊誌や新聞が悪口を書いてたでしょ。俺は見ないからいいけど。

ガンツ　史上最大の一戦であり、史上最大級に叩かれた一戦でもありますもんね。

猪木　フフフ。それがいまごろ評価されるっていうね（笑）。

椎名　UFCが出てきたとき、グレイシーが自分から寝転んだのを見て、「猪木―アリ状態こそが真剣勝負の形なんだ」って感動しました。猪木さんは当時からバーリ・トゥードの存在は知っていたんですよね？

猪木　知ってましたよ。当時は「バリツーズ」って呼ばれていて。ブラジルに行ったときにイワン・ゴメスっていうのがいてね。あれはグレイシーとはまた別の前田光世という人の流れでね。

ガンツ　コンデ・コマ直系の弟子だったんですよね。

猪木　あの頃、グレイシーだけじゃなく、アマゾンにもけっこうヤバいのがいっぱいいたんですよ。

ガンツ　新日本のブラジル遠征で、イワン・ゴメスvsウィレム・ルスカとかやってるんですよね。しかも、事実上のバーリ・トゥードで。

猪木　はいはい。

ガンツ　だから総合格闘技の時代をめちゃくちゃ先取りしてるんですよね。猪木さん自身、アクラム・ペールワン戦なんかも含めて、そういう修羅場をいくつもくぐり抜けていて。

猪木　先取りというかね、さっきも言ったとおり、そのときそのときを一生懸命に必死で生きてきたと思うんでね。だから命を懸けてなんでも覚悟してやらなきゃしょうがないだろうって。たとえば、イラクのことはあまり一般的には評価されないみたいで、ちょっと俺なりに不満があるけど。「あれをやった人間がほかに誰がいるのよ」ってね。国なんかはまったく無視しているけども。でも、きのうはその関係の人から「感謝しています」って言われたりとか、そういうこともあったりね。だからよく「北朝鮮に行くのは怖くないですか?」って聞かれるんだけど、怖いなんて思ったことがないから。

玉袋　北朝鮮なんか、やっぱりいろんなことがベールに包まれた国だから怖いってイメージがあるんですけど、そこを突破しちゃうんですね。

椎名　怖かった人っていうのはいないんですか?

猪木　怖いというかね、ソマリアに（モハメド・ファッラ・）アイディードっていう将軍がいて、これは何百人って殺している人なんだけど、案内されて会ったことがあるんですよ。やっぱり人を殺すのは当たり前だなっていう顔をしていてね。それでみんなが「アイディードに会ったのか⁉」ってビックリするくらいでね。

玉袋　もう、会ってる人のレベルが凄いよ！　普通会えねえもん、ソマリアの将軍に（笑）。

ガンツ　猪木さんはアリ戦のあと、ウガンダのアミン大統領とやるっていう話もありましたよね。

玉袋　〝人食い大統領〟と呼ばれたアミンですよ！

椎名　『待つわ』じゃないほうですね（笑）。

ガンツ　あれはどこから来た話なんですか?

猪木　あれは康さんっていうのが動いて。

玉袋　康芳夫さんですね。オリバー君を呼んだ。

猪木　あの人（アミン大統領）たちもそれに乗っかってきたんだよね。おもしれえことをやろうっていうんで。それで康さんがいろいろ仕掛けてくれて、かなり話は進んでいるという報告は受けていたんですけどね。要するに、あの国はお金がなくて

外貨を稼ぎたいっていう裏事情があったっていう。ただ、闘ったら俺が勝つわけにはいかないし、かといって殺されるのも嫌だし（笑）。

「あんなバカなこと（巌流島決戦）をやるのは斎藤しかいないもんな。俺もあの試合の後遺症がけっこうある」（猪木）

ガンツ　究極の選択ですね（笑）。

猪木　アミンって何十万っていう人を殺してるんでしょ。だから、こっちも覚悟していかなきゃならないと思っていたんだけど。結局、政変で国外逃亡して話がなくなったんだけどね。

ガンツ　あの一戦は、レフェリーをモハメド・アリがやるっていう予定もあったんですよね？

猪木　それは計画としてあったけど、アリがオッケーするかどうかは別の話でね。

ガンツ　そうだったんですね（笑）。

玉袋　幻の一戦だよな。その20年後くらいに、まさかジャニーズのタッキーと闘うとは思わなかったけど（笑）。

ガンツ　モハメド・アリ、アミン大統領、タッキーって、もの凄く振り幅が広いですよね（笑）。

猪木　あれを見て、前田日明が文句を言ってたんでしょ？（笑）。

ガンツ　そうなんですよ。猪木さんがプロレスの天才すぎて、

タッキーと本当の試合のように見えちゃったっていうことで（笑）。

玉袋　その前田さんの純粋さもいいけどね（笑）。

ガンツ　「プロレスが壊れる」と思ったんでしょうね。猪木さん自身は、あまりそういうことは気にしなかったんですか？

猪木　いや、「おもしろければいいじゃん」ってね。

ガンツ　おもしろければなんでもいい（笑）。

猪木　それより、女のファンに殺されちゃうんじゃねえかってね（笑）。俺も会津で斬られたことがあるけど。

ガンツ　講演中に暴漢に襲われたんですよね。タッキー戦はそれと同じことが起こるかもしれない危険な試合だったという（笑）。

玉袋　それがいまや向こうもジャニーズの社長ですから。ジャニーズのトップとリングで試合してるっていうのがすげえよ（笑）。

ガンツ　あとボクらの思い出に残っている試合ですと、やっぱりマサ斎藤さんとの巌流島の決闘ですよね。

玉袋　いま、相撲も無観客試合をやってるけど、ノーピープルマッチは巌流島が元祖ですから！

猪木　そこに結びつけるのか（笑）。

玉袋　あえて客に観せないという（笑）。

猪木　「観たくないヤツには見るな！」ってね。観たくないヤツは観るわけねえんだけどさ（笑）。

ガンツ　でも巌流島の場合はみんな観たくて、対岸から双眼鏡を使って観ている人もたくさんいましたからね（笑）。あのときも猪木さんは大変な時期だったじゃないですか。

猪木　まあ、離婚問題とかいろいろありましたから。

椎名　あのとき、櫂で島まで渡ったんですよね。「櫂を漕ぐたびに涙が流れて止まらなかった」って自伝に書いてましたけど。

猪木　なんでかわからないけどね。宮本武蔵になったわけじゃないんだけど。まあ、いろんなことをね。

椎名　で、島に着いてみたら、待っていたのは鬼でしたね（笑）。

ガンツ　獄門鬼が（笑）。

猪木　巌流島が鬼ヶ島だったっていうな（笑）。

椎名　やっぱり相手はマサ斎藤さんしかいないってことで選んだんですか？

猪木　あんなバカなことをやるのは斎藤しかいないもんな。

玉袋　おー！　そういう2人の阿吽の呼吸があるんですね。

ガンツ　マサさんも誇らしげに言ってましたよ。「こんなバカな試合ができるのは俺とアントニオ猪木だけよ」って。

猪木　アイツもパーキンソン病になる前に言ってたよ。「私はあれがあったんで、いまがある。本当に感謝します」ってね。

玉袋　友情ですね。

ガンツ　マサさんは猪木さんから「野原でやる」っていうことしか聞かされていなくて、お客もいないなかでどう闘うんだっていうので何もわからないままやったけど、「やっているうちに俺と猪木だけの世界になって、真っ暗闇だったから宇宙空間で2人で闘っているみたいだった」って言ってましたね。

猪木　誰もやらない、誰もできないことをやるのが俺のロマンという。いつも「ザマーミロ！」ってね。俺もあの試合の後遺症がけっこうあるからね。鎖骨を折ってしまったんですよ。

椎名　もう凄い試合ですもんね。組んず解れつで血だらけだし。

ガンツ　下はマットじゃなくて地べたですからね。

椎名　死闘なんだよね。

ガンツ　猪木さんは、どのようにして「巌流島で闘う」という発想になったんですか？

猪木　俺は思いついたらすぐにやっちゃうほうなんだけど。あのときはちょうど世代交代の時期でね。長州（力）、藤波が俺に取って代わろうとしていて、テレビ局もその方向に行ってたんで。「それだったら見せてやるよ」っていうね。

ガンツ　なるほど！　試合で差を見せてやると。

椎名　そういう考えがあったんですね！

ガンツ　長州、藤波と直接対決よりも、どっちがすげえ試合ができるのか見せてやろうじゃねえかと。あのとき、テレビの特番で長州vs藤波の後楽園での一騎打ちを生中継して、その後、前日に行われた巌流島の決闘を録画放送したんですよね。

猪木　視聴率もこっちのほうが全然上だったからね。

椎名　なるほど！　猪木vsマサ斎藤が長州vs藤波に勝ったと。

ガンツ　それが新旧世代闘争の事実上の決着になったわけですよね。

「最初の『猪木祭り』のときにお金を撒くとかっていう噂が出て、ボクは自転車で都内を回りましたよ」（椎名）

玉袋　やっぱり猪木さんには勝てねえ。時がズレていたら、巌流島の次は尖閣諸島でやったりしていた可能性もあったんだから（笑）。

猪木　そんな話もあったよ（笑）。

ガンツ　実際にあったんですか！（笑）。

玉袋　実効支配されているところを支配しに行くっていうね。それと北方四島も取り返すっていうことで。

猪木　そんなことばっかりやらせないでよ（笑）。

椎名　でも、やっぱり世間に届かせてやるっていう気持ちがあるんですよね？

猪木　そういう気質なんでしょうね。それで結果的には「ザマーミロ！　見たか、コノヤロー！」っていうね。

玉袋　それを我々はずっと追いかけてきているわけだから。それだけずっと提供し続ける猪木さんのエネルギーが凄い！

ガンツ　ソ連の選手を初めて連れてきたのも猪木さんですしね。

椎名　ボクサーの勇利アルバチャコフもそうなんだよね。

玉袋　東京ドームでプロレスを始めたのも猪木さんだしな。

猪木　東京ドームは動員数の記録なんでしょ？

ガンツ　実数だと猪木さんの引退試合が、ぶっちぎりの東京ドーム観客最多動員記録なんですよね。

椎名　盛り上がりも凄かったもん。猪木さんのドームでの試合だと、カウントダウンのベイダー戦のとき、「あっ、死んだ!」と思ったんですよ。

ガンツ　投げっぱなしの垂直落下式ジャーマンですよね。

椎名　だって脳天から落ちて、バウンドしてたもん。

猪木　俺はあんまり試合のビデオを観たりはしないんだけど、あれは観たらヤバいね（笑）。

玉袋　ＩＷＧＰの舌出し失神のときと同じくらい心配しましたよ!

椎名　それで猪木さんが倒れてるのに、ベイダーが「ガンバッテ!　ガンバッテ!」って叫んでるから、ちょっと頭がおかしいのかと思ってね。「おまえがやったんじゃねえか!」って（笑）。

ガンツ　「ガンバッテ」の言葉の意味を知らなかったらしいですね（笑）。

玉袋　まあ、そのベイダーを連れてきたのが、たけしプロレス軍団っていう非常に恥ずかしい軍団なんですけどね。その節は申し訳ございませんでした!（笑）。

猪木　ああ、そうか（笑）。

椎名　暴動の張本人ですもんね（笑）。

玉袋　時代が早すぎた!　ちょっと早すぎた!

猪木　まあ、暴動っていうのは俺も何回か経験してるからね。

ガンツ　暴動慣れしてましたか（笑）。

猪木　ＩＷＧＰでホーガンとやったときは、蔵前国技館をもう解体するっていうときだったんですよ。蔵前国技館の最後の試合なんですよ。それでもう解体すると。それなのにさ、イスがぶっ壊されるわ、時計がぶっ壊されるわで2000万くらい取られたんじゃないの?「もう壊すんだからいいだろ」って（笑）。

椎名　ちょっと早めに取り壊してやったんだと（笑）。

玉袋　早すぎた、スケールの大きい『あゝ一軒家プロレス』だよ（笑）。

猪木　それを直すってウソだろって。もう壊すっていうのに（笑）。大阪城ホールでも1000万だかの罰金を取られたからね。

玉袋　海賊男が（笑）。

猪木　1000万でいえば、一度バラ撒こうとしたことがあってね。

ガンツ　そんなことがあったんですか?（笑）。

椎名　最初の『猪木祭り』のときにお金を撒くとかっていう噂が出て、ボクは自転車で都内を回りましたもん。新宿の中央公園とか（笑）。

玉袋　百瀬（博教）さんと炊き出しやってな（笑）。

猪木　あの人もおもしろかったね。まあ、いろんなことがあったけど、いま考えるとああいう変質者がいておもしろかったよ（笑）。

玉袋　猪木さんと百瀬さんというコンビは輝いていましたね。

猪木　いつの間にか自分がスターみたいな気持ちになっちゃって、あそこで狂っちゃったんだよね。

ガンツ　前に出たくなっちゃって（笑）。

猪木　「あの猪木でこんなんだったら俺だってなれる！」ってね（笑）。いやでも、おもしろかったね。変質者がいっぱいいたよ。

ガンツ　あの出会いがPRIDEや国立競技場の『Dynamite！』につながるわけですからね。

玉袋　あの国立競技場は忘れられないよ。猪木さんが空から降ってくるし（笑）。

ガンツ　あれはどういう経緯でスカイダイビングで飛ぶことになったんですか？

猪木　あのとき、百瀬さんに「アントン、高いところ大丈夫？」って聞かれて、「べつにどうってことねえよ」って答えたら、自宅があったアメリカに帰ったあとに日刊スポーツかどっかの新聞に出たんじゃなかったかな。当時の女房に「なんか凄いことやるみたいね」って言われて、そこで知ったという。

ガンツ　猪木さん自身も日刊スポーツで知ったんですか（笑）。

猪木　で、日本に行ったら「1回練習しますか？」って聞かれたんだけど、「いらない、いらない。飛べばいいんでしょ」って。

玉袋　ヘリコプターから「一歩踏み出す勇気」だよ（笑）。そのくらいいいかげんだから。

ガンツ　しかも夜間ダイブですからね。

猪木　夜に飛んだのは俺だけでしょ。あれは気持ちよかったですよ。

玉袋　降りてきて最初の第一声で「バカヤロー！」って引っぱたかれたのがウチの相方だったっていう（笑）。

ガンツ　水道橋博士がなぜか思いっきり闘魂ビンタされたんですよね（笑）。

玉袋　ちょうど目が合っちゃってバチーンってね。むちゃぶりで飛ばされた猪木さんの怒りが相棒にいったという（笑）。もう、あの日はたまらなかったね。

「酒も飲みたくなくなるし、葉巻も吸いたくなくなるし、女性を見たって綺麗だと思わなくなった。それはまずいんじゃないのってね」（猪木）

ガンツ　あと、先ほどＩＷＧＰの話が出ましたけど、ハルク・ホーガンが世界的な大スターになっていくきっかけになりましたよね。

猪木　ホーガンなんかはあれだけのスターになって凄かったけど、彼は日本で学んだようなものでしょ。もともとはギターを弾いていて。

玉袋　フロリダの売れないバンドマンだったんですよね（笑）。

猪木　それがヒロ・マツダの道場でプロレスを覚えてね。

ガンツ　そして猪木さんのパートナーになることで、ベビーフェイスのトップとはなんたるかを学んだと。

猪木　だからみんな会うと、「猪木と闘ったのが俺にとっては一生の宝だよ」って言ってくれるんだよね。闘っているときは言わないんだけど。

ガンツ　スタン・ハンセンにしても、タイガー・ジェット・シンにしてもそうですよね。

椎名　以前、猪木さんはテレビで「ベストバウトは？」って聞かれたとき、「ドリー・ファンク・ジュニア戦だ」って答えてましたよね。

猪木　彼は俺がアメリカに（武者修行で）行っていたときに出会っていて、ちょうど世代が一緒なんですよ。兄弟で凄かったね。お父さんがプロモーターで。そのときのクラスでいえば彼らのほうが上だから。

椎名　いまでもベストバウトといえばドリー戦って答えますか？

猪木　大阪で指を骨折しながら1時間やりましたからね。いまみたいに照明がいいわけじゃないから、マットが焼けるように熱いんですよ。

ガンツ　そういう中で60分フルタイムですもんね。その最大のライバルを、新日本を旗揚げしてからは一度も呼べなかったんですよね。馬場さんの全日本が完全に囲ってしまっていて。

猪木　俺はあまり抱えたことはないんだけど、馬場さんのほうがね。まあ、いまの俺があるのは馬場さんのおかげですよっていう。ある意味では反面教師でね。

玉袋　反面教師ですか。

猪木　うん。みんないろんなことを言うけど、やっぱりあの存在っていうのは反面教師だから。「こうはなりたくない、こうはしない」ってね。

ガンツ　馬場さんがやらないこと、できないことをやることで、アントニオ猪木というレスラーができあがったと。

猪木　まあ、その支えがあったというか。ホントにこの1年、俺もいろんなことがあったから、人生っていうことについて深く考えるようになってね。人生を井戸の深さにたとえたら、その井戸が深いのか浅いのかは誰にもわからない。2カ月半、病院で女房と過ごしたんだけど、彼女はずいぶん前に膵頭部がんを患って、早ければ1～2年の命と言われていたところを6年間がんばってくれた。

玉袋　ご自身ががんを患いながら猪木さんを支えてくれていたわけですね。

猪木　彼女が命に代えて俺を守ってくれたというか。ホント言えば俺の命もそんな長くはなかったんですよ。そういう意味では自分の命を縮めて俺の命を残していったような感じも受けるんでね。

玉袋　それだけ献身的だったわけですね。猪木さんには長生きしていただきたい！

猪木　俺だって朝は大変ですよ。体調が悪いときなんかは、起きてから「今日も1日勝負だな」って。こないだひさしぶりに酒を飲んだけど、酒も飲みたくなくなるし、葉巻も吸いたくなくなるし、女性を見たって綺麗だと思わなくなってね。それはまずいんじゃないのってね。フフフ。

椎名　にんじんジュースを飲むといいんじゃないかと思います（笑）。

猪木　まあ、いまは俺もプラズマに取り組んでいますけど、夢というか、ひとつの何か生きる物差しを持ち続けるっていうのは大事なので。そこをひとつ若い人たちや、あるいは我々と同じ世代以上の人たちにメッセージを送れるかなと思ってね。そういう思いから、今回はＹｏｕＴｕｂｅを始めてね。始めてからすぐ20万再生らしいから。

玉袋　ボクはずっと猪木さんのチャンネルができねえかなと思っていたんですよ。猪木さんをずっと定点で映してほしいって。寝ている猪木さんとか、ご飯を食べる猪木さんとか（笑）。

猪木　俺はいつも起きてるよ。ただ、最近寝つきが悪くてねえ（笑）。

椎名　先ほど、人生を深く考えたと言われてましたけど、自分が有名ではない人生みたいなものを想像することもありますか？

玉袋　アントニオ猪木じゃなかった人生ってことか。

猪木　俺はけっこうぼーっとするのも好きなんですよ。ブラジルに行ったときも、まわりに友達がいるわけじゃないからね。コーヒー農園で1日労働したあと、ぼーっと地面のアリの動きを眺めていたりね。あとは遠くを眺めたりするのが好きだったから。

玉袋　ブラジルの夜空も綺麗そうですよね。

猪木　UFOも見たことがあるからね。

玉袋　おー、UFOですか！

猪木　だと思うんですよ。晴れた日に空を見ていたら、西のほうからシューッと光が通って、「あれ、なんだろ?」と思ってたらスーッと向こうに消えちゃってね。あれがもしかしたらUFOだったんじゃないかと。

玉袋　のちにUFOという団体を作る原体験をブラジルでしていたと（笑）。

「猪木さんはみんなの元気の源ですから、これからもずっとボクらのヒーローでいてください!」（玉袋）

猪木　アマゾンでジャングルファイトをやったときに、知事の親戚かなんかがプロモーションをやってくれて、そこの一族が大きな農園をやってて見に行かせてもらったんですよ。1時間半くらいジャングルの中をクルマで走って、そうしたらパッと停まったから、「なんだい?」って聞いたら「イノキはUFOを信じるか?」って言うから、「信じるよ」って言ったら「じつはあの先のところでUFOが道を横切ったのを見たことがあるんだ。それを言ったらみんながバカにするから、普段は言わないんだけど」ってね。で、「俺は信じるよ」と。そんなに大きくはないって言ってたね。そいつがまさかウソを言ってるとは思わないし。

ガンツ　わざわざジャングルでクルマを止めて、そんなウソを言うわけないですもんね。

玉袋　ジャングルファイトのとき、猪木さんはアマゾン川を泳いでいましたよね。あんなピラニアとか、チンチンの先から入ってくる魚とかもいる川に。

猪木　いや、そっちにはいないんですよ。ペルーのほうから流れてくる川には雑菌があるんですけど。俺は水を2〜3回飲んじゃってるんだよね。それでヤバいなと思ったけど全然問題なかった。森林のミネラルが相当豊富に流れていて。ただ、チンチンの先から入ってくる虫がいるんだよね。どうやって入るのか知らないんだけど、「小便しちゃダメだよ」って言われてね。

ガンツ　恐ろしいですね（笑）。

玉袋　女性もダメなんですよね。女性なんか穴にすぐ入ってきちゃうって。

猪木　「アナ（穴）コンダ」ってね（笑）。

ガンツ　そんなに大きなものは入っていかないです（笑）。

猪木　たまには下ネタも言わないとな（笑）。

玉袋　猪木さんの下ネタダジャレが生で聞けてうれしい！（笑）。

猪木　昔、兄貴がセピアカラーの写真を持ってきて、「おい、寛至。こんな大蛇がいるんだよ」って見せてくれたんですよ。村人が30人くらい並んで、大蛇を持ち上げているんだけど、それでもまだ長さが余ってるほどの蛇なんだよ。そうしたら「これを捕まえたら世界的なニュースになるぞ」ってことで、12チャンネル（テレビ東京）かなんかで番組を作ってもらったんですよ。

椎名 猪木さんがブラジルで大蛇を探す番組ですか（笑）。

玉袋 観てぇ～！（笑）。

猪木 学者の説では「そんなにデカイ蛇はいない」って言うんだけど、実際に写真があるからね。

椎名 猪木さんは未知の動物にもロマンを感じるんですね（笑）。

ガンツ あと、海賊船を探したこともありましたよね？

玉袋 カリブ海に沈んだ海賊船に大金が眠ってるというね。

猪木 もう、どこに沈んでいるのかはわかってるんですよ。昔は実際に潜って探さなきゃいけなかったのが、いまは技術が進んだから探知機で全部ね。キューバにはほかにもまだいっぱい沈没船があるんですよ。だから当時はインカの財宝を略奪したやつを船で運んで、キューバで荷造りをし直して持って行ったっていう。そういう記録がキューバのハバナ大学に残っていますよ。生き残った人間の証言とか。

玉袋 まさに「急場（キューバ）しのぎ」ですね、これは。

猪木 つまんない！

ガンツ 他人のダジャレには厳しい！（笑）。

玉袋 俺もまだまだだな。ありがとうございます！（笑）。

ガンツ それは17～18世紀くらいの話なんですか？

猪木 そうでしょうね。それこそいまは探知機があるんでね、もう簡単にできますから。ただしアメリカの資本が入れないっていうのがあってね。

玉袋 ああ、そっか。キューバだもんな。

ガンツ パナマの旅がてら、海賊船も引き上げちゃってほしいですね（笑）。

猪木 途中でバナナを食ったりしてね（笑）。

ガンツ そこまでおじいさんのマネをしないでください！（笑）。

猪木 でも、まあそれくらい元気にならないとね。俺ももう疲れてさ。この何年かは毎日メシ会だよ。もう食いたくないのにさ。

玉袋 やっぱり「猪木さんにいちばんおいしいものを食べてほしい」と思って来るわけですもんね。

猪木 女房はおいしいものが大好きで、全国のどこがおいしいとか、そばだったらどこがおいしいって、それでいろんなところに行ったんだよね。それでいま供養の食べツアーっていうのもやってるんですよ（笑）。

椎名 えーっ、マジっスか!?

玉袋 ボクがこの世界に入ったのが18歳なんですけど、そのときに田鶴子さんとお会いしてるんですよ。緑山スタジオの現場でスチールカメラマンをやられていて。『風雲！たけし城』のときに凄くやさしくしてもらって。

猪木 ああ、そうですか。あの番組に出ていたストロング小林

は最近どうなの？　音信が全然ないんだけど。

ガンツ　いまも青梅に住まれているそうですけど、もう何年も表には出てきていないですね。

猪木　まあ、俺も人前に出るのも大変なんだけどね。でも元気を売り物にしてきたから、こればっかりはしょうがない。

玉袋　猪木さんはみんなの元気の源ですから、これからもずっとボクらのヒーローでいてください！

猪木　じゃあ、いいですか？

玉袋　はい！　貴重なお話、ありがとうございました！

猪木　こんなバカな話でとんでもない（笑）。

玉袋　いやいや、最高でした！

自己投影観戦記
～できれば強くなりたかった～

第97回　王様謁見。人生の目的をひとつ達成

椎名基樹

村田善則作「アントニオ猪木ブロンズ像」を緩衝材とともに箱に詰め梱包する。私が所有する猪木像は初期型で、木製の台座が付いているため（ちょっと自慢）思いのほか大きな箱が必要になる。

さらに原悦生による「アントニオ猪木引退記念公式写真集」を引っ張り出した。縦40センチ横30センチ、重さはおそらく2キロ余りあるのではないだろうか。価格は1万円の豪華本だ。まだ私がヘビースモーカーだった頃の名残で、写真集の紙ケースはヤニで飴色に染まっている。それを濡れティッシュで拭いて落とす。それらを旅行用の55リットルのバッグに詰めた。バックの内ポケットにサイン用のマジックペンを入れて、持ち物の準備完了。

変態座談会でアントニオ猪木に会う前夜、普段はものぐさな私は完璧な準備をした。服装を考える。上着はほとんど着ることがない、一張羅のテーラードジャケットにしよう。まだ寒い季節なのでその下はタートルネックのセーターでいいだろう。パンツはデニムかチノパンかカーゴパンツしか持っていない。きれいめの濃紺のデニムが、まだマシだろう。

風呂に入って身体をよく洗う。いちばんまともな下着を選んで穿いた。顔に泡を立てて安全カミソリでヒゲを剃る。普段は電気カミソリを使用しているが、安全カミソリは本気バージョンの身支度用。肌に刃を立てると儀式めいていて、身が引き締まる思いがする。

身支度はすべて完了。寝床に入って猪木に聞きたいことをスマホにいくつかメモった。

翌日、思ったよりも気温が低く、ウイルスに神経質になっていることもあり、服装を急きょ厚手に変える。ジャケットは諦め、よそ行き用のウール地のダウンジャケットにする。せめてもと思いその下はボタンダウンのシャツにした。久々にテーラードジャケット着たかったな。

重い荷物を背負って家を出た。電車に乗る。確実に集合時間の30分前には、取材場所のホテルオークラに到着できるよう、地

下鉄の出口の番号や、そこからのルートを、何度もスマホで確認する。乗り過ごすと困るから今日はAirPodsもやめておこう。

神谷町駅を降り、ホテルオークラを目指す。虎ノ門のこの一帯は、東京の中でも最も垢抜けている。そして、ちゃんとした大人の世界だ。場違いな思いを持ちつつ歩く。ホテルの中に入るとその気持ちはいっそう強まった。制服を着た、礼儀正しいホテルマンにぎこちなく挨拶を返す。でも一度、泊まってみたいな。貯金しよう。

約束のオーキッドバーがあるプレステージタワーは、昨年竣工したばかりで、なにもかもが美しい。広いロビーは清潔で落ち着いている。モダンだ。玉ちゃんとガンツはすでに到着していた。

私の背負った大荷物を見て、玉ちゃんが「でかいの背負ってんじゃん」と言うので、「サインがほしくて持ってきました」と答えると、玉ちゃんもガンツも呆れ気味だ。私も薄々覚悟はしていて、一か八かで持ってきたのだが、やはり無理か。この時点で早々とサインは諦めた。

「人の一生は重荷を負うて遠き道をゆくがごとし」。いや「この道を行けばどうなるものか危ぶむなかれ」か。

静謐なロビーで謁見のお許しを待つ。期待と緊張が交差する。猪木はほかにも何件か取材に応じているらしい。喜寿を迎えてもカリスマは休むことができない。

声がかかりオーキットバーの奥へと進んでいくと、ソファーに腰掛けている猪木が見えてくる。赤いマフラーに濃いピンクのジャケットを着ていた。それはまるで宮殿の奥に鎮座する、琉球国の王様のようだ。そういえば民族衣装に身を包んだブータンの国王が猪木に似ていると話題になったことがあったな。

何人ものプロレスラーにお話を聞かせてもらってきたが、これほどのオーラを放つ人は当然ながらいなかった。まるで別次元だ。きっとジャイアント馬場もこんな風だったかもしれない。多分、プロレスラーは猪木と馬場とそれ以外なのだ。

大きな声で自己紹介をした。猪木はアントンスマイルだ。いきなり心を奪われる。私がリングで闘っている時以外の猪木を見るのは、これが2回目だった。1度目は、猪木が新宿中央公園で炊き出しをしていた時だった。その時、初めてアントンスマイルを見た。人を虜にすると聞いていたが、なるほどと納得した。その時は遠巻きで見ているだけだったが、今回は私と会話をしながらのスマイルである。私にもしお金があったら、プラズマ発電にポンと投資するところであった。

猪木は思っていたよりも気さくで、私たちの話をよく聞いてくれて、たくさん話をしてくれた。しかし常に迫力満点で、私たちは緊張しっぱなしだった。そしてその迫力に、常に放たれているオーラに、王様の孤独を感じた。猪木には哀愁があった。

格好よさとは、笑顔と孤独でできているのかもしれないと思った。

 椎名基樹（しいな・もとき）1968年4月11日生まれ／放送作家／コラムニスト

時はきた!!
KAMINOGE ONEHUNDRED
『KAMINOGE』100号おめでとうございます。
宇野薫（格闘家）

創刊100号おめでとうございます！
学校よりも一冊の『KAMINOGE』から多くのことを学びました。
200号でも『おめでとうございます！』と言わせてください!!
MCゆかりん（hy4_4yh）

『KAMINOGE』100号おめでとう！
これからもバルコニーダイブ級の
IMPACTある記事を楽しみにしてますDEATH!!
葛西純（プロレスリングFREEDOMS）

100号到達おめでとうございます！
紙プロは嫌いだったけど『KAMINOGE』は大好きです。
菊田早苗（格闘家）

『KAMINOGE』は洗脳力がある恐ろしい媒体だと思います。
『KAMINOGE』を毎号読ませていた僕の美人アシスタントは
すっかり朝倉未来ファンになって、AbemaTVでオンエアしていない
RIZINの話しかしません。たまにはAbemaTVでオンエアしている
団体も取りあげてください（ONEとか、ONEとか、ONEとか）。
100号おめでとうございます！
北野雄司（AbemaTV格闘チャンネルプロデューサー）

結局何が言いたいかっていうと
100号おめでとうって事。
でも取材されたの2、3回だけって事！
KENTA（BULLET CLUB）

『KAMINOGE』、通算100試合、おめでとう!
常に挑戦者として観客を楽しませてくれました。
挑戦することを目的とし、迷った時は困難なほうを選ぶ。
生まれる前から挑戦者。死んでも挑戦者。
次は誰にボコられる?

甲本ヒロト(ザ・クロマニヨンズ)

五木田智央(画家)

俺、こう見えてけっこう忙しいんですよ。
毎月集中して取られる時間をいい加減に返してもらえます?
ホントにいつもそんな気持ちなんです…。
また読む、ゆるさん!

サイプレス上野(サイプレス上野とロベルト吉野)

『KAMINOGE』は読めばおもしろいんだけど、どうも買う気にはなれない。
でも100号ということなので、いま立ち読みをしているキミ!
たまには買ってみたら? 夜露死苦。

桜庭和志(格闘家)

KAMINOGE LISTEN TO POWER HALL

ホントにやってるSNS革命！　ついにYouTubeも始動!!

長州力

［吉田光雄］

「山本、俺はもともとこうなんだよ。
固いとか柔らかい、怖いとか怖くないとか、
そんなひとつのものでまとめようとしてくれるな。
勝手に俺の言葉をそちら側が笑ってるだけだ」

収録日：2020年3月10日
撮影：タイコウクニヨシ
聞き手：井上崇宏

「とにかく俺はあの太陽マーク、あれが大好きだ（にっこり）」

――長州さん、このたび『ＫＡＭＩＮＯＧＥ』が１００号を迎えることになりました！

長州　知るかい！（吐き捨てるように）。山本おまえ、まだ一度も本を送ってきたことねえじゃん。

※あらためて説明しよう。長州さんは長年、聞き手の井上のことをどこでどう間違えたのか、ずっと〝山本〟と呼んでいるのだ!!

――えっ、こないだ谷口さんと慎太郎さんに1冊ずつお渡ししましたよ！

谷ヤン　あっ、そうだそうだ。今日持ってこようと思っていたのに忘れちゃいました……。

慎太郎　すみません、ボクもです……。

※あらためて説明しよう。「谷ヤン」は長州に10年以上虐げられてきた古参マネージャーであり、「慎太郎」は長州さんの長女の婿であり、職業はカメラマンだが、現在は長州さんのマネージメントのサポートもおこなっているのだ!!

長州　慎太郎、こないだ俺が羽田（空港）の本屋に入って『ＫＡＭＩＮＯＧＥ』ありますか？」って聞いたときのこと憶えてるか？

慎太郎　あっ、ありましたね！

長州　そうしたら店員さんに「私共のところではそのような本は置いていません」って言われたんだから。買おうとした俺の立場がねえよ。

――そのような本（笑）。長州さん、またお送りしますからけっしてご自分で買おうなどと思わないでください。

長州　で、なんの話をすればいいんだよ？　ツイッターの話？

――あっ、ツイッターの話からお願いします。

長州　まあ、だんだんと慣れてきたね（得意げに）。でもさ、「つぶやく」っていうけども、なんか前からやってるブログとたいした変わんねえなと思って。でも、たまに驚くときがあるんだよな。「なぜ、こんなにも……」っていう。

――なぜ、こんなに反応があるのかと？

長州　いや、素早いじゃん。俺は反応なんてべつに気にしちゃいないけど、ブログと比べたら異常な素早さじゃん。で、ツイッターはさ、ちょっと人のことを揶揄するような反応があるよね。

――まあ、そうですね。

長州　あとツイッターって、つぶやきっていうくらいだから、めちゃめちゃ書ける文章が短いのに「これで俺の何を理解して、こんなに意見を言ってくるのか？」と思うよな。俺なんかまだ全然足りないよ。

――足りないというのは？

長州　まあ、文字数が。俺が最近慣れたっていうのはさ、正確に言うとけっして慣れてはいないんだよ。スマホにさ、メーターがあるじゃん。字がオーバーしちゃうと止まっちゃうやつ。

――あー、はいはい（なんだっけ？）。

長州　最初はあれを見ながらやってたんだよ。メーターで文字数を確認しながら「おお、あともう少し書けるな」とか。

――チキンレースみたいですね（笑）。

長州　そう！（笑）。気楽につぶやくつもりが、最後は自分ひとりでチキンレースをやってるんだよ。やっぱ140文字のちょっと手前、そこを狙ってるよね。

——人知れず、そんなストイックな闘いをやられていたんですね（笑）。

長州　それで最後に絵文字を一発入れたいなと思ってるから、138文字で止めておきたいんだけど。とにかく俺はあの太陽マーク、あれが大好きだ（にっこり）。最近入ってきてる仕事はちょっと朝早いんだよね。それで早起きをするわけだけど、外はまだ暗い。そういう時間帯にちょっとつぶやき始めるんで、テレビの天気予報を観ていて、「今日は晴れ」ってなれば「ああ、いいな」と思ってつぶやきにも太陽マークを入れてみるんだけど。実際はまだ外は暗いんだけどな（笑）。

——そうして、いち早く日の出をさせるわけですね。

長州　フライングでな。

——ああ、それは見たほうも気持ちがいいでしょうね。

長州　そんなわざとらしく持ち上げるなよ、山本。

——すみません。

長州　（突然、大きな声で）俺のスカート、どこ行った～!?　どうだ？　よく似てるって言われるんだよ。

——……あっ、古田新太さん!?　そういえば似てますね（笑）。

長州　あの人、いい役者さんだから、そう言われて悪い気はしないけどな。

「山本〝さん〟はそういうテレビの仕事もやってるのか？」

——でも長州さんも役者をやったことありますよね？

長州　（大声で）ないわっ！

——いやいや、ありますよ。NHK大河（『西郷どん』）にも出られていたじゃないですか。

長州　ああ、大河は出たか（得意げに）。

——あと、大昔だと『セーラー服通り』とか。

長州　それは知らん！

——まあ、チョイ役というか。

長州　チョイ役？　おまえ、ひどい言い方するね。

——いえ、友情出演ですかね。

長州　友情なんてあるわけない。

——あっ、長州さん、ドラマをやりましょうよ。

長州　あ？

——ドラマです。

長州　その「ドラマをやりましょう」って

のはどういう意味？　山本〝さん〟はそういうテレビの仕事もやってるのか？

――急にさんづけで呼んでいただいて恐縮なんですが……テレビの仕事はやってないです。

長州　かあ〜っ！　じゃあ、なんの権限があってそんなこと言うんだよ？

――いや、長州さんのYouTubeチャンネルとかでやられたらどうかなとふと思いまして（笑）。

長州　YouTubeでドラマぁ？　ああ、ショートムービーみたいな？

――そうです、そうです。

長州　いまナントカ家族とかってのが流行ってるっていうか、今回のアカデミーでも韓国のやつが獲ったけどな。

――『パラサイト』ですね。

長州　そんなもん、正男（タイガー服部）を主演にして『服部家族』とかやればいいじゃん。正男と半蔵と、あと料理の詰襟を着た、なんだっけ？　服部（幸應）先生でさ（咳き込みながら爆笑）。

――いや、それだったら『長州家族』のほうがおもしろいじゃないですか。

長州　あ？　何をとぼけたことを……。それはアレか、俺は寡黙な父親っていう部分でやっていいの？　寡黙な役なら考えないこともないけどな。
——それはセリフを覚えたくないだけってことはないですよね？
長州　それで俺の奥さんの役はアレだな。いま、よしもとに「カァー！」って踊るぽっちゃりした人いるじゃん。
——カァー？　よしもとですか？　渡辺直美じゃなくてですか？
長州　違う違う！　渡辺直美も踊ったりするアレだけど、じゃなくて、よしもとの舞台とかに出てるじゃん。
——友近？
長州　違うよ！　こんな太ったさ、ドラム缶というか俺の体型に似たような、とぼけたような目をして笑わせる、ほらアレ……！
——あっ、ゆりあんレトリィバァですか？
長州　そうそう！　アレが俺の女房よ。
——えっ、長州さんの奥さんがゆりあんレトリィバァの役をやるんですか？
長州　違うよ、バカッ！
——あっ、ゆりあんレトリィバァが長州さんの女房役ですか？（笑）。
長州　そっちだよ。山本はあいかわらず寝ぼけてるな。で、ほかにもちゃんとインパクトのある役者さんを揃えてさ。河本（純一）くんが近所にある行きつけの潰れそうな居酒屋の店主とかな（笑）。そういうのをやるならおもしろそうじゃん。ってやるか、アホッ!!

「それはたまにはその場で雰囲気で冗談もしゃべるぞ？」

——ひぃ～っ！　いま長州さんのツイッターのフォロワーは24万くらいでしたっけ？
谷ヤン　24万2000ですね（※3月10日時点）。
長州　真輔はどうなの？
谷ヤン　（画面の割れたスマホを見ながら）66万ですね。
長州　さすがマジソン。それで次はYouTubeか。谷ヤン、早くスタートさせろよ。
谷ヤン　そうですね。
長州　でもさ、このプロレスの業界がいま、あまりにも「YouTube、YouTube」ってなると、最初はおもしろくて観てくれるかもわかんないけど、俺なりの感じ方では「どうかな？」って思うところもあるんだよな。
谷ヤン　長州さんはあのツイッターの世界観をそのまま持っていけたらいいですよね。
——でも、長州さんもいまはもうだいぶツイッターに慣れちゃってるんで。
長州　いや、慣れてないよ。
——慣れていないほうが、とぼけたおもしろさがあるじゃないですか。
長州　あっ、いま山本はおもしろいことを言ったよ。俺、とぼけて書いてると思う？
——とぼけて書いてるとは思わないですけど……。
長州　いや、どっちだと思う？
——正直に言っていいですか？　一生懸命とぼけようとしてるように見えます。
長州　ああ、一生懸命っていうのはたぶんないな。ウン。
——まだまだ手探りってことですか？
長州　いや、手探りとか俺はそんな作業はしねえよ。違うよ、俺は元がこうなんだよ。

――素ですか？

長州　そうやって「素ですか？」って言うけども、その素っていうのは固いとか柔らかい、怖いとか怖くないとか、そんなひとつのものでまとめなきゃいけないの、人間は？

――いえ、いろんな面がありますよね。

長州　俺の言葉に対して、勝手にそちら側で笑ってるだけで。

――そちら側！（笑）。

長州　それだよ！　そうやっていつもおまえはなんでも笑うけど、俺はべつに笑わせるために言っているわけじゃないし。そりゃたまにはその場で雰囲気で冗談もしゃべるぞ？　でも、普段こうやってるときはまったくない。何がおかしいのか。

――すみません。

長州　そりゃ、素人なりのバカなツッコミで物をしゃべるときはあるけど、そこまで笑わせるつもりはないよ。そんなサービス精神、俺はまったくないよ。

――よくそれでタレントの仕事をやってますね（笑）。

長州　だから俺も自分でもわからない部分があるんだよ。その場その場の状況や雰囲気に応じて対応はできるほうだと思ってる。きのうだってロケでお寺に行ったんだよ。「あっ、ここでバカは言えないな」っていう判断はつく。だから静かにしてたし。

谷ヤン　もうちょっと元気にロケに参加してほしかったですけどね……。

長州　あ？　またおまえは鼻持ちのならないことを。なんでも仕事でやるんじゃないよ。

長州力（ちょうしゅう・りき）
1951年12月3日生まれ、山口県徳山市（現・周南市）出身。元プロレスラー。
専修大学レスリング部時代にミュンヘンオリンピックに出場。1974年に新日本プロレスに入団し、同年8月にデビューを果たす。1977年にリングネームを長州力に改名。メキシコ遠征後の1982年に藤波辰爾への噛ませ犬発言で一躍ブレイクを果たし、以後、"革命戦士"のニックネームと共に日本プロレス界の中心選手となっていく。藤波との名勝負数え唄や、ジャパンプロレス設立からの全日本プロレス参戦、さらに新日本へのUターン、Uインターとの対抗戦など、常にプロレス界の話題のど真ん中を陣取り続けた。2019年6月26日、後楽園ホールで現役ラストマッチをおこなった。

谷ヤン　仕事ですよ！（笑）。

長州　（聞かずに）だから「俺っていままでどういう具合に見られてたのかな？」って。反対にそれを問いかけたいんだけど、それはなんか自分らしくねえなって。ツイッターとかブログを使って問いかけるっていうのがさ。ホント、俺はこのまんまなの。信用してる？

「信じなくてもいいけど、俺はやさしい人間だと思うよ」

――信用して……ます。でも、おそらく長州さんは根は明るいですよね。

長州　だから決めつけちゃダメだよ。

――いえ、ご自身ではどう思ってます？

長州　だから、わかんないから自分探しをやってんだよっ！　それでツイッターをやってみたり、ＹｏｕＴｕｂｅもやってみようかってなってんじゃん。これは前も言ったじゃん。俺はこれまでの環境とは距離を置きたいんだよ。ホントなんだよ。どこに行ってもさ、「長州力だ」「長州力だ」って言われて、なかなか抜けられない自分がいるんだよ。かまえちゃうよ。

――いまだに街でファンを蹴散らしますもんね。

長州　いや、それはないだろ！

――「握手してください！」って来たら「シッシッ！」てやるじゃないですか。

長州　それは昔からだよ。学生時代から。

――有名人でもない頃から（笑）。

長州　いまも昔も、わずらわしいヤツっているじゃん。

――ああ、やっぱりこれが長州さんの素ですね（笑）。

長州　俺はべつに自慢じゃないんだけど、俺たちの大学時代はレスリング部に全部で100人近くいたんだよな。5階建ての体育寮で。俺が3、4年のときにいた後輩に聞いてみな、「昔の軍隊ってこういうところだったのかな」って言うはずだよ（笑）。

――軍隊さながら（笑）。

長州　でも、ひとりも逃げなかった。だけど俺が卒業して引き継いだら一気に半数以上が逃げたんだよ。ずっと耐えてきて、そこで緊張の糸が切れちゃったのか。こういうのをマインドコントロールって言うのかね？

――長州さん、まさか自分に人を洗脳する能力があることに気づいてないんですか？

長州　バカッ！　山本、そういうことを言うな。

――いや、こうして谷口さんとか慎太郎さんたちと一緒にいるとき、変に2人をモメさせようとするみたいな、そんな動きをするときがありますよ。

長州　山本、それはおまえじゃないか！（笑）。

――いやいや、ボクじゃないですよ（笑）。「長州さん、こえぇな。なんで俺たちを仲違いさせようとしてるんだ？」っていうときがありますもん。でも、それは無意識でやられてるんですよ。

長州　そんな能力あるわけねえよ。

――細かく言うとですよ、谷口さんを詰めているようで、じつはこれ、慎太郎さんに言ってるんじゃないかとか。

長州　げっ！

慎太郎　ああ……。

長州　じゃあ、俺からも言わせてもらうけど、山本、おまえは笑い方も異常だよ。前から思ってたんだけど、おまえの「アハハハハ！」っていう笑いは、ある意味で場を焚きつけてるように見える。

――げっ！

長州　でも、みんなが信じるか信じないかはどうでもいいんだけど、俺はたぶんやさしい人間だと思うよ。

谷ヤン　げっ！

長州　おまえ、内心「バカなこと言ってんじゃねえよ」って思ってるだろ？

谷ヤン　いや、思ってないですよ！

長州　フンッ。まあアレだ。これからもずっと自分探しだよ。岩にぶつかって崩れて、また岸に上がってイカダを作って流れていく。そしてまた岩にぶつかっては崩れ、イカダを作ってさ、最後はどこに出るかだよ。

谷ヤン　おお……。長州さん、いまのはツイートしたほうがいいんじゃないですか？

長州　茶化すなよ。ほら、おまえはそうやってなんでもすぐにお米（お金）に換えようとしてるだろ（ギスギス）。

谷ヤン　換えないと怒るじゃないですか……。

鈴木みのるのふたり言

第81回

『消えたタンパ』

構成：堀江ガンツ

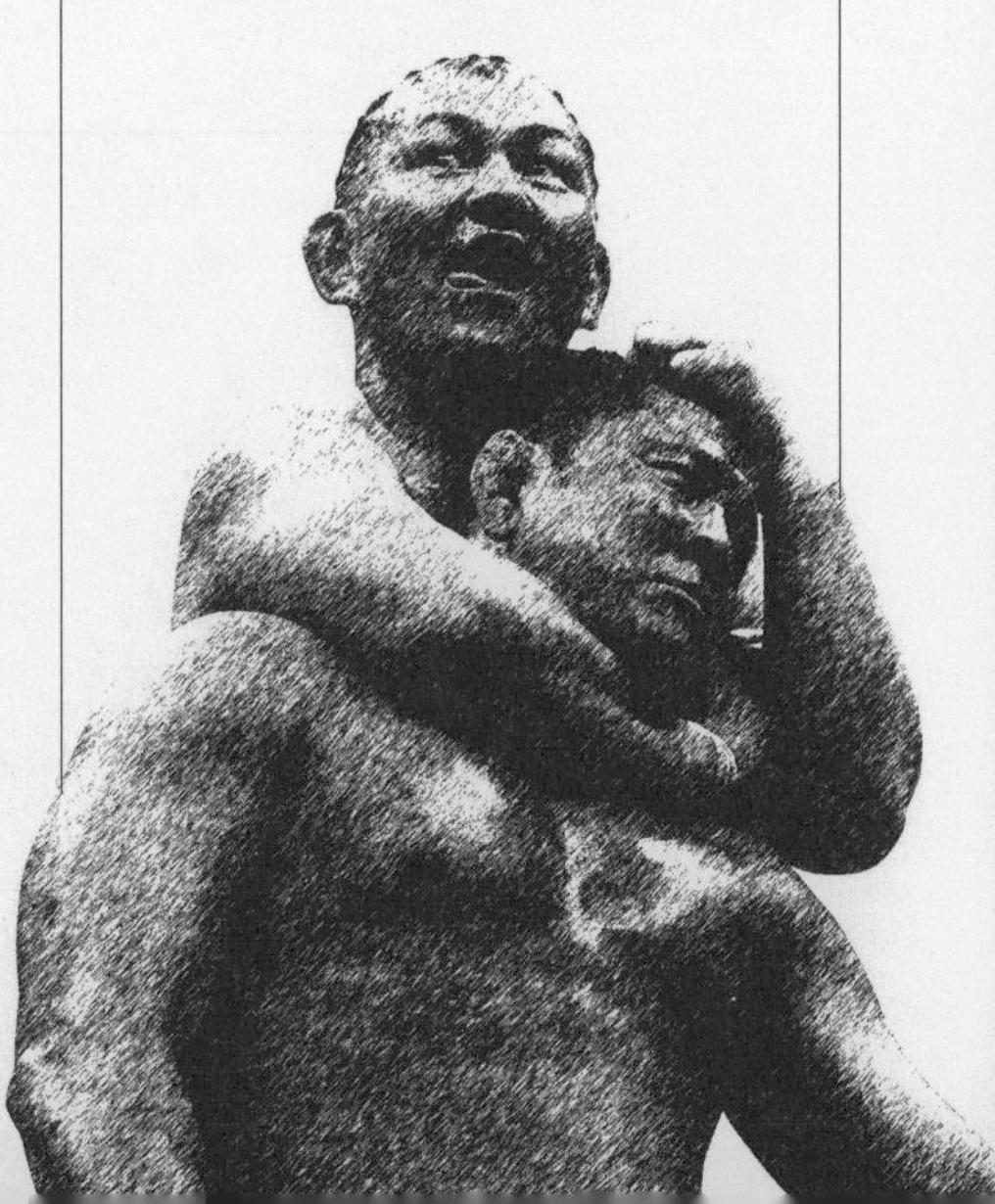

——いよいよ今年もレッスルマニアの季節がやってきましたね。

鈴木　ぶっちゃけ、俺はレッスルマニア自体には何ひとつ関わってないけどね。便乗イベントでは引っ張りだこだから（笑）。

——今年はフロリダ州タンパがレッスルマニアタウンになるわけですけど、そこで数多くある大会へのオファーですよね。

鈴木　いろんな話が来たからさ、本当は5試合ぐらい詰め込んでやろうとも思ったんだけど、結局、条件面とかスケジュールの都合で3試合かな。もしかしたら直前でまた増えるかもしれないけどね。

——向こうではそういうことがよくあるわけですか。

鈴木　あるある。今回も出場するブラッド・スポーツという団体に初めて出たときは、言われたのが前日だもん。もともとマット・リデルとロウ・キーがやるはずだったのに、ロウ・キーがキャンセルをしたから穴が空いたってことで。それでプロモーターがタイガー服部とその話をして、服部さんが俺のところに来て「ユーさ、明日なんだけどこの時間に試合ができるか？」って言われて。「うーん、カネ次第ですね」って半笑いで俺が言ったらホントにガッツリくれたんだよ。「出る！　絶対に行く！」って言って（笑）。

——背に腹は変えられず、直前オファー手当が弾んだという（笑）。

鈴木　それから去年はジョシュ（・バーネット）に呼ばれて、アイツと試合して。今回は3回目だね。

——今年もめちゃくちゃおもしろいカードが組まれてるんですよね？

鈴木　そうそう。ジーンズのポケットに手を突っ込んだまま試合するヤツ（笑）。

——オレンジ・キャシディですよね。去年、初めて観ましたけど最高でしたよ（笑）。

鈴木　間に入ったヤツが「ちょっとコメディなヤツなんだけど……」って言ってたんだけど、べつに気にせずに「わかった、オッケー」って返事したんだよ。それで向こうのツイッター公式アカウントがそのカードを発表したら、英文のツイートがぶわーっと来てね。「なんてこった！　こんな試合が決まるなんて！」ってアメリカのオタクどもの反応が凄くてさ。「なんだろ？」と思って、YouTubeのリンクが貼ってあったんで観てみたら、ポケットに手を突っ込んだままトペをやってて。「なにコイツ⁉」と思って（笑）。

――ポケットに手を突っ込んだままサングラスは絶対に外さずに闘うという（笑）。

鈴木　それで「なぜこのカードが組まれたんだろう？」と考えたとき、ちょっと閃いたんだよ。「あれ？　GCW……変なレスラー……」と考えたらピンと来たんで、すぐに菊タローに電話して。「これ、おまえの差し金だろ！」って言ったら「あっ、バレた！」「やっぱりおまえか！」って（笑）。

――仕掛け人は菊タローさんだった（笑）。

鈴木　アイツはGCWの手伝いとかをしてるんでピンときたんだよ。「いや、鈴木さんとだったら絶対におもしろいと思ってプロモーターに言ってみたんですよ。いやー、バレた」とか言ってね。

――でも、素晴らしくセンスのいいマッチメイクですよ（笑）。

鈴木　たしかにアメリカ人の発想にはないよね。あの野郎、俺で遊びやがって。俺の本気をナメんなよって。

――伝説の菊タロー戦、メカマミー戦を超えるものが観られるかもしれない（笑）。

鈴木　それで3日目は、最初「ケン・シャムロックがおまえと試合をしたがってる」っていう連絡があったんだよ。で、俺は「どっちでやるんだ？　MMAなのか、プロレスなのか、それを聞いてくれ」って返してね。もしMMAだったら相手が誰であろうと断るつもりでいた。いまMMAはちゃんとした競技になっていて、俺はもう競技としてのMMAはやってないんで。ケンカだったら受けて立つけどね。そうしたら「プロレスで対戦したい」と言うからやるつもりだったんだけど、結局、わけのわかんない6人タッグになったんだよ。

――どんなカードになったんですか？

鈴木　俺とシャムロックと、トム・ローラーっていうUFCにも出てた総合系レスラーが組んで、相手チームがジョーイ・ライアン、コルト・カバナ、グレイドっていう、コメディレスラーが相手なんだよね。

――シューター3人とパフォーマー3人の対戦ですか。オレンジ・キャシディ戦に続く〝お題〟が提示されて（笑）。

鈴木　「これって俺が試されてるな」って思ったよ。ある意味、これは5対1だなって。シャムロックの最近のプロレスを動画で観たけど、右腕を伸ばしてたら相手が勝手に突っ込んできて倒れるようなプロレスなんで。

――自分からは何もしない（笑）。

鈴木　そしてトム・ローラーも格闘家あがりでそこまでまだプロレスができるわけじゃない。これは俺がなんとかするしかないじゃんって。それで相手のジョーイ・ライアンなんて、〝チンコ投げ〟のヤツでしょ？

――それ、どんなのでしたっけ⁉

鈴木　相手に自分のチンコをつかませて、フンッて投げるんだよ。

――合気道的な感じで（笑）。

鈴木　だから「これは完全に試されてるな」と。ただでさえ向こうの3人は〝難敵〟なわけですよ。これはある意味、俺がいままでDDT、マッスルなんかに出て、それ系の選手と闘ってきた経験を総動員する必要があるなと。逆に言えば「そのカードだったらまかせろ」っていう感じで。でも味方がシャムロックとローラーだから「これは完全に試練だな」と思って。
――鈴木さんが試合をデザインしなきゃいけないわけですもんね。
鈴木　俺だけいい格好すればいいんじゃなくて、「この全員を使っておもしろい試合ができなければダメだぞ」ってことだから。
――「おまえにこのお題がクリアできるのか?」っていう（笑）。
鈴木　うん。鈴木みのるの技量をナメんなよ！って感じだよ（笑）。ひれ伏せさせてやる。
――その6人タッグマッチがタンパでのオーラスですか?
鈴木　そうだね。タンパには取材で行くんでしょ?
――行くつもりなんですけど、ホントに行けるのかなって。
鈴木　なんで?
――新型コロナウイルスがまったく収束しないじゃないですか（※このインタビューは2月29日に収録）。ユネイテッド航空で行くつもりなんですけど、今日のニュースでユナイテッドの日本便が減便されるっていうのをやってたし。
鈴木　俺の飛行機はもう取れてるし、行くつもりだけどね。新日本のシリーズが中止になったから出稼ぎしないと（笑）。
――ボクもいまのところ行くつもりなんで、状況が悪化しないことを祈るのみですね。今回はタンパだからとくに行きたいんですよ。ゴッチさんが住んでいた家とか。まさに聖地巡礼って感じで（笑）。
鈴木　それ、ファンとしてじゃん（笑）。
――思いっきりファンとしてなんですけど（笑）。
鈴木　俺もタンパに行くのはゴッチさんのところに行って以来だから26年前かな?パンクラスで最初のトーナメントやる前だから1994年以来。
――もちろん当時はゴッチさんもご健在で、あの湖のほとりの家に住んでいたときですよね?
鈴木　そう。プケットにクルマに乗っけてもらって行ったんだけどね。
――ゴッチさんの弟子のトーマス・プケットのところへ？
鈴木　そのときはゴッチさんに稽古をつけてもらいにタンパまで行ったんですよね?
鈴木　そう。久しぶりに見てもらおうと思って、事前に手紙を書いておいてね。でもあんまり本気にされてなかったっぽい。
――そうなんですか（笑）。
鈴木　前にも話したと思うけど、ゴッチさんが言うには「俺のところに来るヤツはみんなカメラマンを連れてくる。みんな〝ゴッチに習った〟っていう画がほしいだけだ」って。
――〝ゴッチ直伝〟みたいな箔付けのためにくるだけ、みたいな。
鈴木　だから俺がひとりで行ったとき、「おまえ、何しに来た?」「カメラはどこにいるんだ?」って俺のうしろを覗き込んだからね。それで「カメラはいない。ひとりで来た」って言ったら「なんでカメラがいないんだ?　俺のところに来るヤツらはみんなカメラを連れて来るんだ」って言ってて。「いや違う。俺はあなたに会って稽古をつけてもらいたいから来たんだ」って言ったら「そうか。だが、すまん。今日はいまから出かける用事があるから無理だ」って言われて「いや、この日に行くって伝えておいたじゃん！」って（笑）。

——自分の予定は崩さない（笑）。

鈴木　結局、ゴッチさんが出かけている間に、ガレージにある器具で勝手に練習させてもらって、ついでに庭掃除とかもしておいたら、ゴッチさんが帰ってきたあと、「なんだ、まだいたのか。しょうがねえな」って感じで練習を見てくれて。そこから数日間、ゴッチさんの家に通って練習させてもらったんだけどね。今回、タンパに行くならゴッチさんが住んでた家とか行ってみる？

——行きたいですね。

鈴木　西村（修）がゴッチさんの家を買った人と付き合いがあるらしいから、西村に話をしておいてもらえば、ちょっと家の前とか見せてもらうことができるんじゃないかと思うんだよね。

——いまは住所さえわかればナビで行けますしね。

鈴木　俺は何年間もゴッチさんと手紙のやりとりをしていたから、その手紙を見れば住所もわかるからね。タンパにはゴッチさんのお墓があるわけじゃないんだけど、俺も26年ぶりにタンパに行って、何かを感じたいっていうのもあるし。まあ、いまの俺のプロレスをゴッチさんが見たら、怒られるかもしれないけど（笑）。

——オレンジ・キャシディ戦とか見られたら大変かもしれないですね（笑）。

鈴木　まあ、怒られてもしょうがない。俺の人生は俺のものなんで。誰かのためにプロレスをやってるわけじゃないんで。でもまあ、怒られそうだな（笑）。まっ、そんな感じでタンパに行ってまいります！

こうして『ふたり言』の収録は終わったが、その後も新型コロナウイルスの問題は収束せず、アメリカにも拡大。結局レッスルマニアも無観客試合で行われることが決定してしまったため、急きょ鈴木みのるに追加コメントをもらうこととなった。

——大変なことになってしまいましたね。

鈴木　トランプ大統領が新型コロナウイルスの感染拡大を防ぐために「50人以上が集まるイベントは行うな」って言ったんでしょ？　このご時世で仕方ないけど、50人って村の集会じゃねえんだから。

——レッスルマニアが観客50人とかだったら凄いですよね（笑）。

鈴木　8万人くらい入るスタジアムで、ぽつんぽつんと50人が離れて座ってれば感染もしないんじゃないの？（笑）。

——濃厚接触とは程遠い感じで（笑）。

鈴木　というわけでタンパには行かなくなりました！

——いや〜、残念ですね。

鈴木　だからガンツもあんまり近づかないで。みんなが自粛して自宅待機しているなか、星野リゾートとかに行ってるヤツと濃厚接触したくないから（笑）。

——いまお客が来ないのか、普段は高い旅館とかが凄く安く泊まれるんですよ。自主的に隔離されてきました（笑）。

鈴木　でも、こういうときにこそ人間が試されるよ。あたふたするのか、情報に踊らされるのか、それは9年前の震災のときもそうだったし。俺はやれることをやるだけだよ。というわけで読者のみなさん、タンパはお預けです。また来月！

伝説のヘンゾ戦から20年。あの日の『UWFのテーマ』をボクたちはけっして忘れない!!

田村潔司

［U-FILE CAMP］

「総合の世界で髙田 vs ヒクソン戦、前田 vs ニールセン戦が果たした役割というのは凄く大きい。前田さん、髙田さん、桜庭はもっともっと評価されてしかるべきだよ。そこに俺もちょっとだけ貢献してると思うしね（笑）」

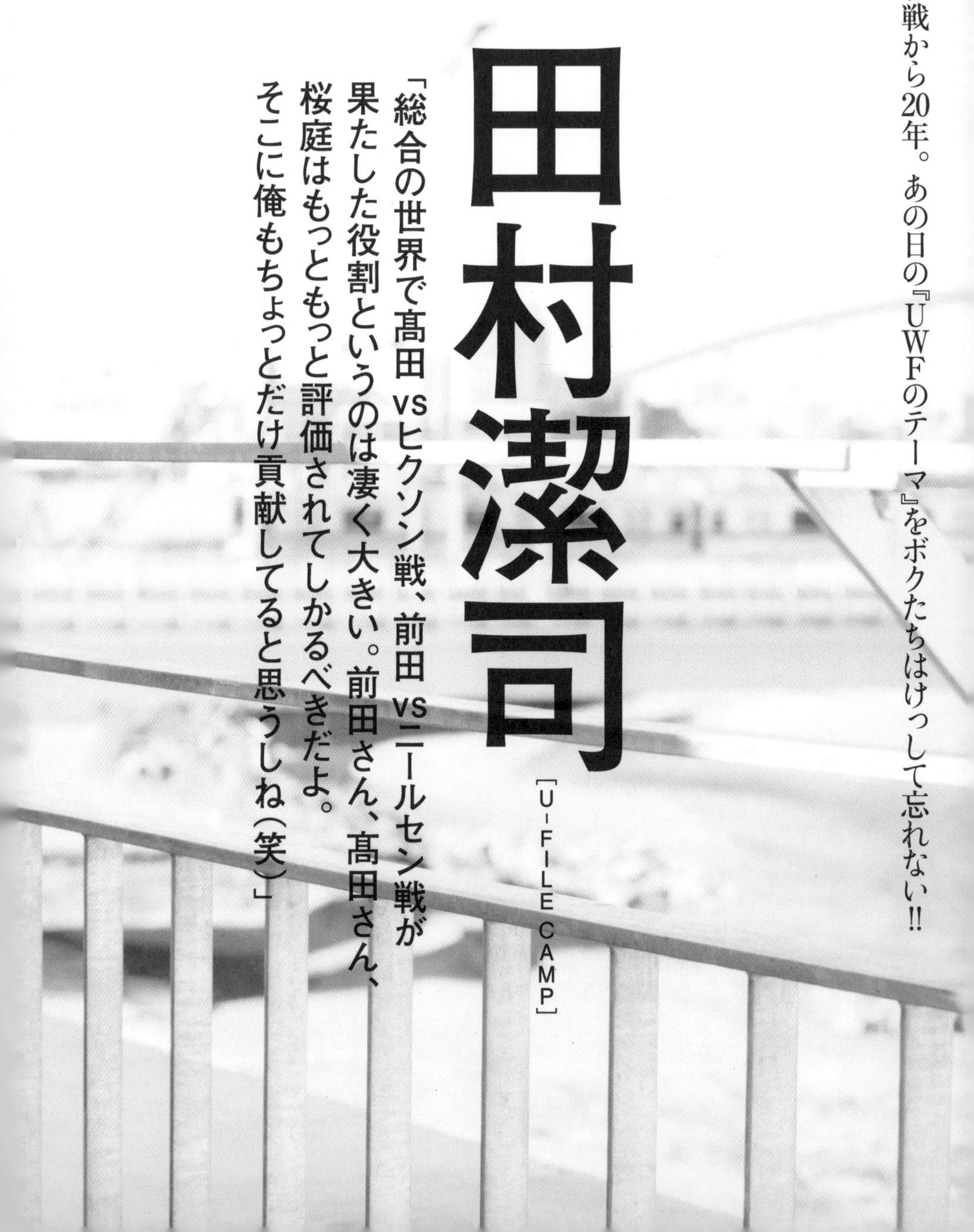

収録日：2020年3月6日
撮影：橋詰大地
聞き手：堀江ガンツ

「髙田vsヒクソンが出発点。総合に関わった人はみんな髙田さんの負けで食わせてもらったようなもんだよ」

――田村さん、じつは今月で『KAMINOGE』が……。

田村 なくなるの？

――なくなりませんよ！（笑）。何度かピンチはあったようですが、それも乗り越えて100号を迎えます。

田村 それは「おめでとうございます」と言っていいのかな？

――そりゃそうですよ。めでたいことなんですから（笑）。

田村 100号か。何年やってるの、3年くらい？

――3年ってことはないでしょう。月刊で出ているので、年間12冊なんですから（笑）。

田村 あ、そっか。じゃあ何年？

――東日本大震災のあった年に創刊したので、もう9年目ですね。

田村 へえ、そうなんだ。そりゃ凄いね。10年近く経つんだ。

――で、田村さんのほうは、あのヘンゾ・グレイシー戦（2000年2月26日）からちょうど20周年なんですよね。

田村 20年も経つかあ。それも凄いね。

――あの『UWFのテーマ』での伝説の入場シーンで、その後20年食ってきたという（笑）。

田村 ヘンゾ戦だけで食えたわけじゃないよ！（笑）。まあ、いいけど。

――でも田村さんのレスラー人生を振り返って、ヘンゾ・グレイシーとの大一番をやって勝っているというのは、凄く大きい気がします。

田村 そうだね。プロレスから総合格闘技に移行するなかで、〝黒船〟だったグレイシーのああいう選手に勝ったっていうのは、ポイントになってると思うね。

――あの2000年というのは、田村さんのヘンゾ戦以外にも、桜庭（和志）さんのホイス・グレイシー戦もあって、あそこから総合格闘技人気が爆発した出発点であり、UWF物語のオーラスでもありましたよね。

田村 そんな感じはあったかな。でもプロレス界と格闘技界にもっとも大きな影響を与えたのは、髙田vsヒクソンだと思うけどね。

――やっぱり髙田vsヒクソンですか。

田村 あの試合こそ、プロレスから総合格闘技に時代が変わっていくきっかけになった試合だと思うからね。あのとき、プロレスラーである髙田さんは本当はチャレンジャーなわけだけど、一般のファンはそういう目では見ないでしょ。

――バーリ・トゥードデビュー戦の髙田さんが、バーリ・トゥード最強と言われていたヒクソンと闘ったわけですもんね。でも図式としてはプロレス、UWF vsグレイシー柔術の頂上対決みたいな感じで。

田村 そんな状況のなかで、十字架を背負って髙田さんは試合

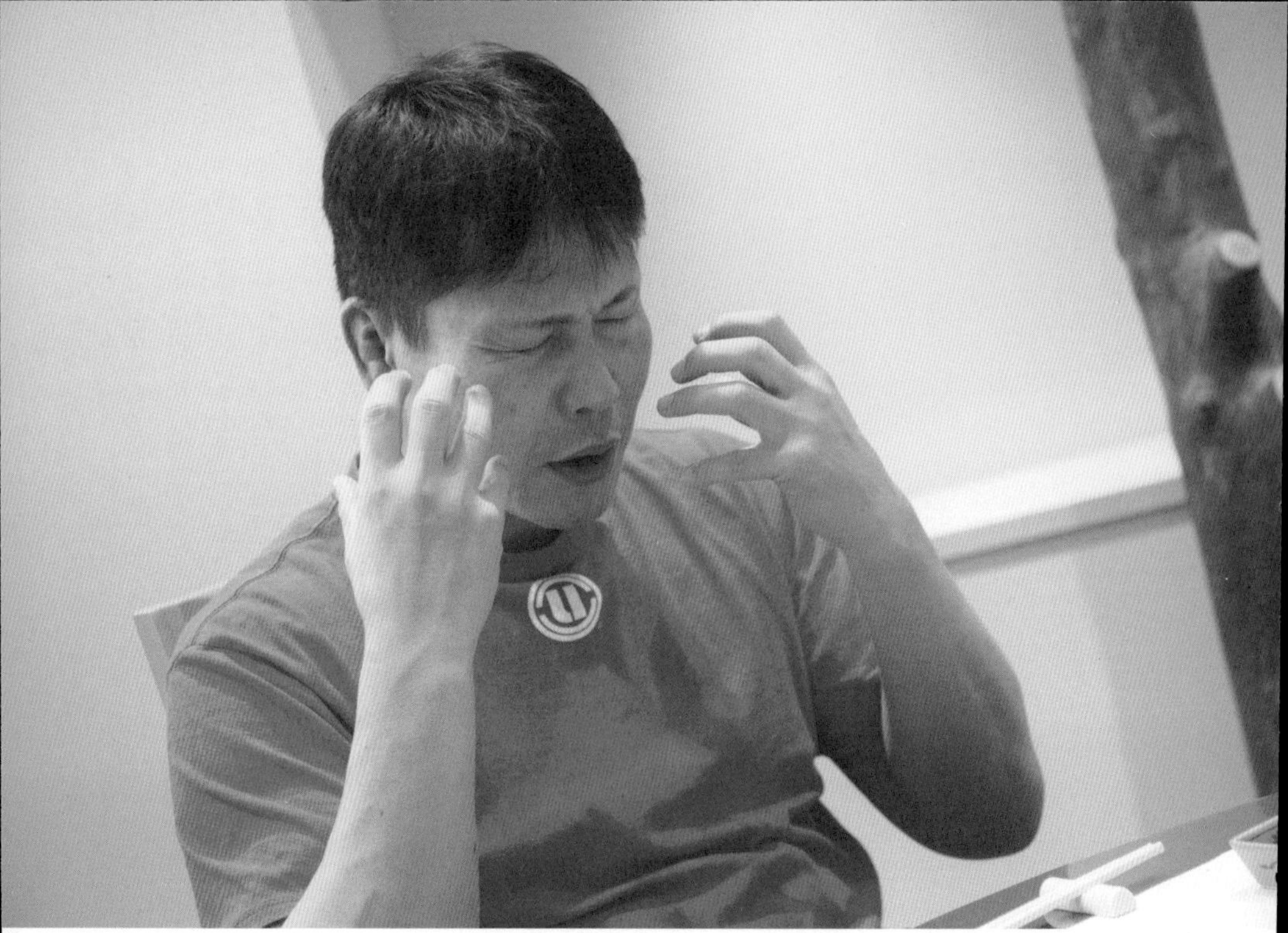

をしたわけですよ。幻想と現実が交差するなかで、髙田さんも心理的には凄く複雑で不安感もあったと思う。それでもあえてヒクソンと闘って、負けたらボロクソ言われたわけでしょ。でも、あそこで髙田さんの負けがなかったら、総合は盛り上がらなかったと思うんだよね。

――そうですね。少なくとも日本では総合格闘技の時代は始まらず、マニアックなジャンルのままだったでしょうね。

田村　もし、あそこで髙田さんが勝っていたら、そのときは凄く盛り上がっただろうけど、その後の総合格闘技の盛り上がりっていうのはなかった。

――髙田さんが勝っていたら、バーリ・トゥードはその1試合で封印して、UWFスタイルのプロレスが続いていたかもしれないですね。

田村　そうね。だから対グレイシー一族に関して、船木（誠勝）、桜庭（和志）、田村っていうのは、ヒクソン戦での髙田さんの負けがあったことで光らせてもらったと思ってるんで。

――でも2000年に田村vsヘンゾ、桜庭vsホイス、船木vsヒクソンが連続して実現したっていうのは、もの凄い〝ゴッドアングル〟ですよね。それぞれ全部プロモーションが違って、それぞれのプロモーションも決して仲がいいわけじゃないなかで、すべてが連動しているという。

田村　その出発点が髙田vsヒクソンだから。総合格闘技に関わった人は、選手、プロモーター、テレビ局、マスコミに至るまで、みんな髙田さんの負けで食わせてもらったようなもんでしょう。あの髙田さんの黒星1個でどれだけの人が食えたかっていうのはある。だから髙田vsヒクソンを〝点〟で見るバカは、髙田さんをいろいろ腐すけど、あの負けでどれだけ次の俺らの世代がファンの人たちに夢を見せることができたかって思うね。

——総合格闘技の歴史を俯瞰すると、髙田vsヒクソンがいかに大きな役割を果たしたかってことですね。

田村　だからアントニオ猪木vsモハメド・アリが、当時は「世紀の凡戦」と叩かれて、何十年後かになって「価値がある闘い」だって言われてるけど、髙田さんの負けも時が経ってから、その価値が見直されると思う。

——髙田さんぐらいのネームバリューがあるプロレスラーが負けたからこそ、ヒクソンもあれだけの大物になったわけですしね。

田村　たとえばあのとき、修斗のランカーやチャンピオンがヒクソンとやったところで、世間一般には伝わらないでしょ。これは修斗の好き嫌いは関係なく。

——まあ、そうですね。

田村　髙田延彦という選手がプロレス界を背負って出て行ったから盛り上がったわけであってね。

「UWFでの厳しい新弟子生活があったからこそいまがある。練習の厳しさもハンパじゃなかったから」

——だから90年代って、ファンにとってもの凄く贅沢な時間だったと思うんですよ。プロレスだったU系が、リアルファイトの総合格闘技へと変わっていく過程をすべて見られたわけですから。時代を左右するような試合がいくつもあったし。

田村　この先どうなっていくかわからないという楽しみがあったね。

——そして田村さん自身、その激動の時代の真っ只中を生きてきたわけですよね。Uインター旗揚げ1周年の大会（1992年5月8日・横浜アリーナ）で、元WBC世界ライトヘビー級王者のマシュー・サード・モハメッドと異種格闘技戦をやりましたけど。あれはいわゆる〝格闘技の試合〟としておこなわれた、当時としては異例の試合で。

田村　異例かどうかわからないけど、異種格闘技戦ということで異例かもね。

——Uインターはその前年、12・22両国でもやってるんですよね。髙田さんとトレバー・バービックの試合もそうだし、ビリー・スコットvsジェームス・ワーリングもリアルファイトですよね。

田村　あれは3分10ラウンドだっけ？

——たしかそうですね。全然決着がつかなくてフルラウンドいっちゃった。リアルファイトだとそうなるのかという。あれはパンクラスの秒殺や、田村さんとマシュー・サードの試合の裏返しですよね。

田村　なるほどね。たしかにね。

——だからUインターって、UWF3派の中ではいちばん従来のプロレス色が強かったですけど、凄く先鋭的なことをやっていたと思うんですよね。またプロレスにとって、他流試合、リアルファイトの重みが、いまとは比べものにならないくらい重かったし。

田村　そうね。いまは良くも悪くも個人の闘いになっちゃってるから、団体やプロレスというジャンルを背負って闘う感じではない。だからこそ、髙田さんのヒクソン戦の重圧っていうのが俺にはわかるし、実際、俺自身も異種格闘技戦のときは、終わったあとの開放感がいつもとは全然違った。それはまわりもそうで、俺はセコンドのカッキー（垣原賢人）にバスタオルを預けてたんだけど、俺が勝った瞬間、カッキーは興奮してリングに上がってきて、バスタオルをどっかに落としてきちゃったくらいだから（笑）。

——セコンドが我を忘れてしまうという（笑）。当時、他流試合的なものは「やるなら負けは許されない」感じがありましたよね。先日、田村さんもYouTubeでアップしてましたけど、新生UWFの新弟子時代、初参戦の内藤恒仁選手と道場でセメントのスパーリングをやらされて、それすら絶対に負けちゃいけない立場だったという（笑）。

田村　そう。マシュー・サード・モハメッド戦より、むしろあっちのほうがプレッシャーだったかもしれない（笑）。

——先輩からの「負けたらただじゃおかねえぞ」という無言の圧力があって（笑）。

田村　あのとき、俺は入門2～3カ月の新弟子とはいえ、バックには前田さん、髙田さんという諸先輩方がいる新生UWFの生え抜きで、内藤さんはマレンコ道場という外から来た人だったから。その状態で内藤さんとやって、俺は負けるわけにいかないし、微妙に勝つわけにもいかないなっていうのもあって。

——勝ったら勝ったで、デビュー前の新弟子が初参戦の選手を潰すことになっちゃうわけですもんね（笑）。

田村　ただ、やらなきゃやられちゃうっていうのがあるから、自然の流れで俺が一本取った記憶があるんだけど。いやあ、あのときはせつなかったな。ホントせつない。だって内藤さんも落ち込んでたと思うよ。

——そりゃそうですよね。UWFでの日本デビュー戦の前に、新弟子にやられたわけですから。

田村　でも、そのあと一緒にランニングとか行ったり、2人で散歩をして話したりもしたんだけどね。同世代といえば同世代だから。

——だから中野龍雄vs内藤恒仁は、一方的に中野さんが圧勝しましたけど、あれは道場で先に田村さんが勝っちゃったから、中野さんも「一方的に潰すしかない」ってなったんじゃないかと（笑）。

田村　まあ、そこは中野さんに聞いてほしいな（笑）。

――当時、あんな一方的な試合ってないじゃないですか。あれは「新弟子の田村に負けたヤツと俺が互角でやるわけにいかない」って感じだったんだろうなと腑に落ちたんです（笑）。

田村　そういうのはあったかもしれないけど、ちょっと俺の口からは（笑）。内藤さんは内藤さんでフロリダの空中（正三）さんのところに行って掴んだチャンスだろうから。入門テストも受けないで、逆輸入という形でＵＷＦでデビューできたのは、ある意味では画期的だし。

――内藤選手ひとりだけですもんね。

田村　凄いなと思う。「そういうやり方があったか！」って思うんだけど（笑）。でも、もし俺が空中さんのところに行って逆輸入でＵＷＦに来ていたら、まあ伸びなかっただろうね。あの厳しい新弟子生活があったからこそ、いまがある。練習の厳しさもハンパじゃなかったから。安生さんとスパーリングやって、ヒジがボキッと鳴ったからアイシングをしていたら、前田さんが来て「取れ！」って言われてね。そのまま前田さんとスパーリングをやらされて、その前にベンチプレスと腕立てもやらされたから。ヒジが鳴ってるのに（笑）。

――もはや壊しにかかってるとしか思えない（笑）。

田村　まあでも、俺自身も身体が丈夫だったんだなと思う。そこは強い身体に生んでくれた親に感謝しなきゃいけないんだけど。

――おそらく当時は、どれだけ運動神経がよかったりセンスがあったりしても、身体が強くなきゃ生き残れなかったんでしょうね。

田村　生き残れないね。精神的にも肉体的にもタフじゃなきゃいけなかった。当時の話はYouTubeでもいろいろとしゃべりたいことがあるんだけど、しゃべれないことのほうが多いから。

「UFCが出てきたときも『なるほどな。ちょっと闘ってみたいな』っていう腕試し的な願望はあった」

――いまなら大問題になるようなことばかりだったんでしょうね（笑）。こないだ田村さんのYouTubeを観ていたら、「新生UWFのセメント最強を発表します」っていうのをやっていて。

田村　あれはけっこう前に撮ったやつだけどね。

――あっ、そうなんですね。15分くらいの動画だったんですけど、なかなか「セメント最強」を発表しないで、ずっと内藤さんの話をしてたんですよ（笑）。

田村　ああ、そこで内藤さんの話をしたんだ。忘れてた（笑）。

――9割以上ずっと内藤さんの話をしていて、最後の30秒くらいになって、ようやく「それでは発表します。○○さんです」で終わるという。RGさんの「あるある早く言いたい」みたいな（笑）。

田村　アハハハ！　なるほどね（笑）。実際、そのあと俺に批判が殺到したのよ。

――そうなんですか!?

田村　「長い」「ダラダラしゃべりすぎ」とか（笑）。YouTubeを始めたばかりで、まだしゃべり慣れていなかったからなんだけど……。なんでこんな話になったんだっけ？

――マシュー・サード・モハメッド戦から内藤選手とのセメントの話になって、こうなりました（笑）。

田村　そうか。じゃあ、次いこう。

――1993年11月にUFCがスタートして、グレイシーが世に出てきたじゃないですか。田村さんはグレイシーの出現によって、UWFがプロレスではなく最終的に格闘技になるだろうって思ったことはありました？

田村　いやー、まったくないね。でも、そこに挑戦してみたいというか「グレイシーと闘ってみたいな」という気持ちにはなっていた気がする。

――UWFの試合で観客を魅了しつつ、節目節目でそういう勝負というか、他流試合をやってみたいという。

田村　そうだね。もともとUWFの練習システムが、もう格闘技の練習だけだから。だからUFCが出てきたときも「なるほどな。ちょっと闘ってみたいな」っていう腕試し的な願望はあったね。UWFスタイルをやりつつ、そういう試合もやりたいって。

——Uインターって、UFCが始まって1年経たずに「逃げるな、ヒクソン・グレイシー！」って、打倒ヒクソンを宣言するんですよね。

田村　そんなに早かった？

——そうです。1994年の〝1億円トーナメント〟が終わったあとに始めたんで。あの時点では田村さんのほうから「自分にやらせてほしい」っていう気持ちはなかったんですか？

田村　そのときはなかった気がするな。それってヒクソンが中井（祐樹）さんとやっていた頃？

——いや、中井さんとやる半年前ですね。ヒクソンは1994年7月にNKホールでおこなわれた『バーリトゥード・ジャパン・オープン94』で西良典さんとかに勝って、ぶっちぎりで優勝したあとで。最初Uインターはホイスと交渉していたけど、なかなか進まないから、ホイスが「私の10倍強い」と発言したヒクソンにターゲットを変更したという。

田村　なるほど。でもその頃は俺もまだ24～25歳で、前田さん、髙田さんという上の世代がまだしっかりといらっしゃったから、逆に俺らは関係ないと思っていたかもね。

——少し上の世代である船木（誠勝）さん、鈴木（みのる）さんもいましたしね。

田村　ああ、パンクラスか。

——当時、2人はすでにパンクラスのエースですから。

田村　なるほどね。そこにも幻想はあったしね。

——そもそも第1回UFCで、パンクラスの外国人エースである（ケン・）シャムロックがホイスに秒殺されたから、日本でもグレイシーが注目されるようになったわけで。

田村　そうだったねえ。もうそのへんから地崩れが起き始めてたね。

——その後、1994年に安生さんが道場破りで敗れるという大事件も起きて。ヒクソンがあそこまで一気に大物になったのって、あれがあったからですからね。

田村　だから安生さんが負けたのも、その後の格闘技界にとって大きな意味があったんだよ。

——あの道場破りがなかったら、たぶん髙田vsヒクソンもなかったんじゃないかと思うし。

田村　ある意味で、ヒクソンは安生さんに感謝しなきゃいけないね。

——あそこからファイトマネーがめちゃくちゃ上がったわけですからね。だって最初はシューティングで呼べる選手だったんですから。あのまだマイナーだった頃のシューティングが。

田村　トーナメントの優勝賞金はあるだろうけど、ファイトマネー自体は数十万くらいだろうね。

——で、田村さんは安生さんの道場破り失敗の丸1年後にパトスミ（パトリック・スミス）とやって勝利するわけですよ。

田村　ほー、そういうタイミングか。

——新日本との対抗戦に背を向けたときにそういう一世一代の

大勝負が舞い込むというのは、まさに運命的だと思うんですよね。しかも日本人プロレスラー（男子）で、バーリ・トゥード初勝利を挙げたのは田村潔司だったという。

田村　えっ、そうなの？

「本当に強い選手をいち早く連れてきていた前田さんの先見の明も凄いと思うんだけど、その反動が全部ウチらにかかってくるから」

――それまで日本人レスラーは、バーリ・トゥードで全敗だったんですよ。

田村　えっ、髙橋（義生）とかは？

――髙橋さんがヴァリッジ・イズマイウに勝ったのは1997年2月なんで、田村vsパトスミの1年3カ月後ですよ。髙橋さんはグレイシー柔術黒帯に初めて勝ったプロレスラーですね。

田村　そうなんだ。へえ～。

――だから田村さんの勝利にあれだけ盛り上がったんですよ。安生さんが道場破りで返り討ちに遭い、山本（宜久）さんもヒクソンに敗れて、ケンドー・ナガサキさんも修斗でジーン・フレジャーという選手に秒殺KO負けしてましたしね。

田村　なるほど。そりゃあ俺が格闘技雑誌とプロレス雑誌、両方の表紙になるわな。

――そうなんですよ。気づいてなかったですか？（笑）。

田村　気づいてなかった（笑）。でもガンツのそういう目のつけどころはさすがだね。やってる立場からすると、ホントに無我夢中でそんなことを考えられる状況じゃなかったから。俺はよく「計算高い」って言われるけど、結果的に歴史を振り返ったときにそうなっているだけで、俺が計算しているわけじゃない。見えない歴史のレールを自分で勝手に作っていったようなものだから。

――あそこでもし負けていたら、その後のレスラー人生は考えられなかったわけですもんね。

田村　そうねえ。髙田さんに「真剣勝負してください」って言ったあとだし、新日本との対抗戦も断って、もう行く場所がないから、辞めていたんだろうなとは思う。もしUインターがそのまま使ってくれたとしても、どのツラ下げて戻ればいいのかわからないし。

――負けてたらリングスから誘いの話も来なかったでしょうしね。

田村　そんな悲しい話をしないでよ（笑）。

――いや、それが勝ったことでまったく逆になったわけですから。一躍、時の人となって。

田村　大きな転機だったよね。大変だったけど、終わってみればいい思い出ですよ。

――田村さんはパトスミ戦から翌1996年ぐらいが選手としていちばん充実していた気がするんですけどね。パトスミとやってから、Uインターで桜庭さんとの3連戦があって。そしてリングスに移籍したあと、夏にモーリス・スミス戦、その後、長井満也戦があり、山本宜久戦があって。そのほとんどがシュートでありながら内容で魅せての勝利という。

田村　うわー、凄いねえ。自分で言うのもなんだけど。これらが地上波ゴールデンタイムとかで放送されていたら、俺はたぶんガンツのインタビューを受けてないよ（笑）。

――我々の手の届かないところに行ってましたか（笑）。

田村　トップスターでしょう（笑）。まあ、どえらい時代だったね。

――あの頃、新日vsUインター対抗戦のあとですから、プロレス界では「Uは終わった！」みたいに言われていましたけど、本当は最高におもしろい時期だったんですよね。パンクラスでは船木さんもチャンピオンになったりして全盛期だったし。

田村　船木さんも輝いてたよね。カッコよかったな。

――ところが、翌1997年10月に髙田vsヒクソンがあって、そこからU系もバーリ・トゥードへの流れが急速になっていくという。

田村　もうファンの目もそういうふうになっちゃってたからね。

――だから1996年くらいまでが、U系にとって最後の幸せな時代だったかもしれないですね。

田村　そうかもしれないね。髙田さんがヒクソンに負けたとき、1回時代がなんとなく終わっちゃってるかもね。区切りっていうか。

――ただ、そのなかから桜庭さんが救世主として現れて、PRIDEというイベント自体の人気も上がっていって、バーリ・トゥードが主流になっていく。そして船木さんはパンクラチオンルールという名のバーリ・トゥードに踏み出していって、リングスもKOKで完全な格闘技になっていくという。

田村　凄い時代だね。こういう流れをどっかで書いたら？

――いや、このインタビューがそうなんですよ（笑）。

田村　あっ、そっか（笑）。

――いま振り返ると、KOKトーナメントってめちゃくちゃ画期的で、ホントにおもしろかったと思うんですよ。

田村　まあでも、こっちは大変よ。当時のことを前田さんに絡めてしゃべった動画をこないだ撮ったんだけど、ちょっとお蔵入り状態にしてあるのよ。1時間ぐらいしゃべったんだけど、「い

田村潔司(たむら・きよし)
1969年12月17日生まれ、岡山県岡山市出身。U-FILE CAMP代表。
1988年に第2次UWFの入団テストを受けて合格し、1989年5月21日に鈴木実(みのる)戦でデビュー。UWF解散後、UWFインターナショナルの旗揚げに参加して頭角を現す。1992年5月8日、異種格闘技戦でボクシング世界ランカーのマシュー・サード・モハメッドから一本勝ち。1995年12月9日、K-1のリングでアルティメット特別ルールでパトリック・スミスから一本勝ち。1996年にリングスに移籍。2000年2月26日、ヘンゾ・グレイシーに判定勝ち。2001年にリングスを退団してPRIDE、HERO'S、DREAMなどに参戦した。

や、これをアップするのはちょっとやめておこう」と思ってね。

――それは前田さんが観たら逆鱗に触れる内容なんですか？（笑）。

田村　いや、悪口じゃなくてね。要は2000年代前半に世界最高峰であるPRIDEで（エメリヤーエンコ・）ヒョードルや（アントニオ・ホドリゴ・）ノゲイラが大活躍するわけでしょ。でもその数年前には、無名だけど実力は世界最高峰の選手たちがリングスに来ていたわけよ。それを相手にしてたのが俺らリングス・ジャパン勢だから。

――当時、もっともしんどい試合をしていたという（笑）。

田村　そこはがんばったから、「前田さん、ちょっとは認めてください」的な動画を収録したんだよね。収録しただけで配信はしていないんだけど。それとは別の話として、前田さんの先見の明も凄いと思うんだよ。ああいう本当に強い選手をいち早く連れてきていたわけだから。その才能は凄いんだけど、その反動が全部ウチらにかかってくるから。いやー、半分冗談だけど「勘弁してもらえませんか？」って（笑）。

――PRIDEはより大きな舞台だったから知名度優先でしたけど、リングスは内田統子さんや川﨑（浩市）さんらブッカーが、未知の強豪を連れてこられる土壌があったんですよね。

田村　たしかにそうだね。

――第1回KOKトーナメントでは、ダン・ヘンダーソンこそちょっとだけ知られていましたけど、ノゲイラもレナート・ババルも無名でしたからね。

田村　ダン・ヘンダーソンは最初は荒削りな部分もあったけど、自分の努力で総合の闘い方を研究して上がっていったから、頭がいいよね。

――もう引退しましたけど、ダン・ヘンダーソンはアメリカで超大物ですよ。ある意味でヴァンダレイ・シウバやミルコ・クロコップ以上に。

田村　ああ、ホントに？　じゃあ、また金ちゃん（金原弘光）がボヤくのかな（笑）。

「ヘンゾのギロチンは、ファンの声援とセコンドの坂田の声があったから抜けることができたんだよ」

――第1回KOKのとき、ちゃんと反則が1点減点されていたらポイントで判定勝ちしていたのに、なぜか判定負けになったという（笑）。ある意味、あそこが人生の分かれ道だったかもしれないですね。ダン・ヘンダーソンはそのまま優勝ですから。

田村　そっか。あのメンバーの中で優勝だもんな。余談だけど、金ちゃんはボヤキのYouTubeチャンネルを立ち上げればいいのにね。みんなから嫌われるよ（笑）。でもYouTubeっていうのは嫌われてナンボだと思うから、そっち方面で戦略を立てるのもいいかもね。

――なんのアドバイスですか（笑）。でもリングスはそれまでロープエスケープありのルールでやっていたのが、ある日突然バーリ・トゥードになって、外国人も含めた全選手がリアルファイトに転換するんだから凄いですよね。

田村　それが時代の流れだったし、リングスでの前田日明の力なんだろうね。

――だからやっぱり最初は対応できなくて、KOKの予選Aブロックをリングス勢で勝ち上がったのは、イリューヒン・ミーシャだけですからね。

田村　そうだったんだ。そういうところ、よく見てるねえ（笑）。Aブロックってあとは誰が出たんだっけ？

――ヤマヨシ選手がブラッド・コーラーに秒殺負けですね。あとはノゲイラが余裕で勝ち上がったり。

田村　そのとき、俺は誰とやったんだっけ？

――田村さんは大阪のBブロックで、1回戦はのちのUFC王者デイブ・メネーですね。

田村　あっ、メネーはそんときか。

――メネーに判定勝ちして、2回戦がボリス・ジュリアスコフです。

田村　あー、思い出した。ジュリアスコフっていたね。

――リングス・ブルガリアでレスリングの実績がある選手なんですよね。で、ジュリアスコフは1回戦でティム・レイシックっていうUFCファイターに勝ってるんですよ。

田村　思い出してきた。ティム・レイシックって筋肉が凄い人だよね。俺、そっちとやるもんだと思ってた。これはタラレバだけど、あそこでジュリアスコフが勝ってくれて俺はよかったのかもしれないね。

――KOKは5分2ラウンドという短い試合時間ですから、ヘビー級のレイシックにパワーで押さえ込まれていたかもしれないですね。

田村　だから運もあったけど、あのときリングス・ジャパンで決勝の武道館に上がったのは俺だけでしょ？　これは言わせてもらいたいけど、俺が勝ち上がってなかったら武道館はコケてたよ。

――まあ、そうですね（笑）。

田村　ホントに（笑）。これは自分でわざわざ言いたくないけど、もっと評価してほしいなあ。

――勝ち上がったうえで、決勝トーナメント1回戦でヘンゾ・グレイシー戦ですからね。あのカードは志願したというか、前田さんに「やるか？」って言われて「やります」って答えたんですよね？

田村　そう。前田さんからU－FILE CAMPに電話がかかってきて、「1回戦で誰とやりたい？」って聞かれて「ヘンゾです」って俺が言ったんだけど。これはある意味でインチキ占い師の手口みたいなもんでさ（笑）。

――前田さんがそう言わせるように仕向けていたと（笑）。

田村　だから俺がどう答えようと、結局はヘンゾ戦になってた

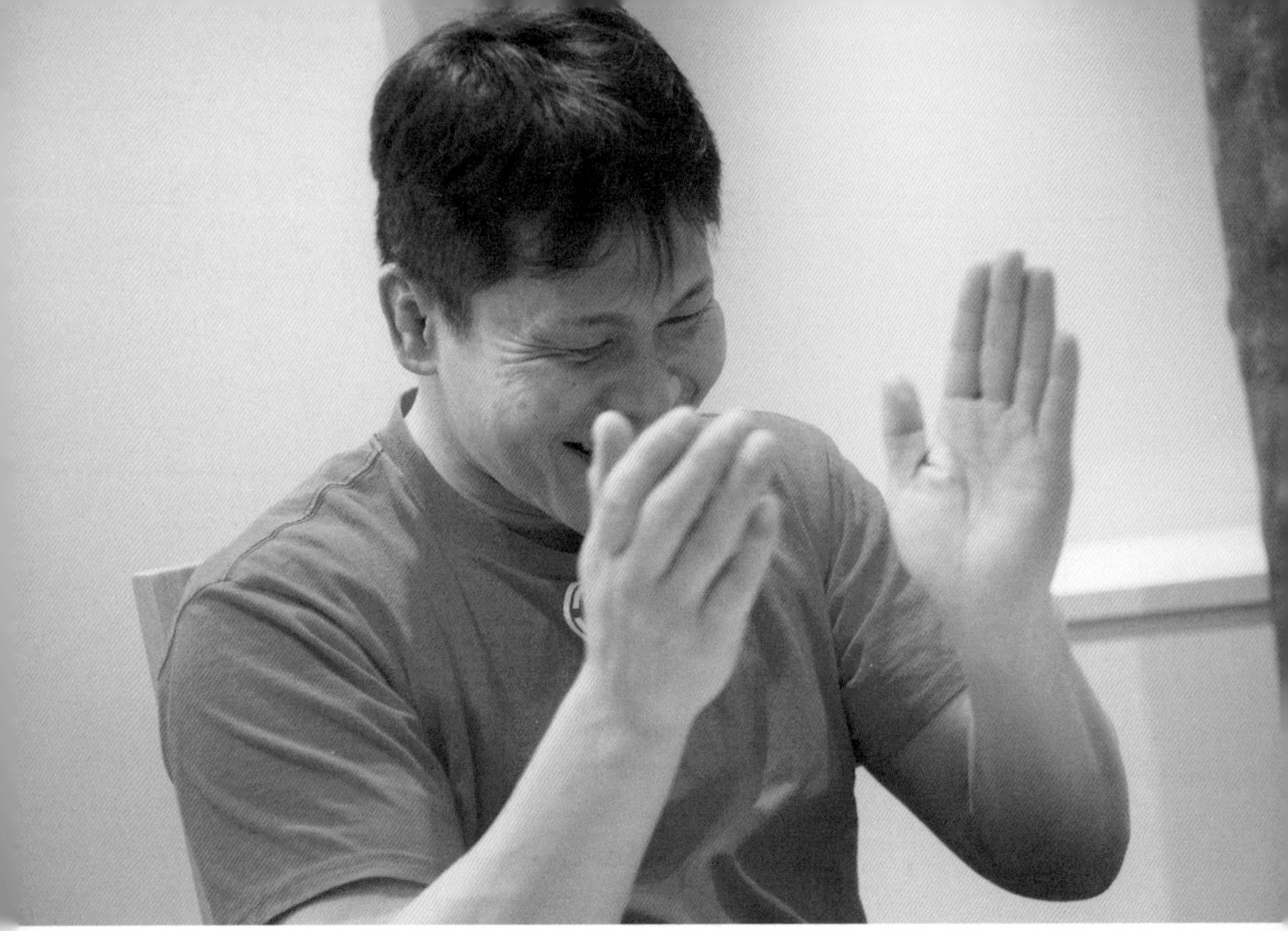

と思うよ（笑）。あのカードじゃないと武道館を満員にするのは厳しかったと思うしね。自分で言うのもなんだけど。

――そしてあのシチュエーションで田村さんが『ＵＷＦのテーマ』で入場して会場が大爆発という。あの曲を使う経緯はなんでしたっけ？

田村　あれは名古屋でお世話になっている方がいて、坂田とその人とメシを食ったんだけど、帰りにベンツで送ってもらったときにその方がリングスが好きで『ＵＷＦのテーマ』を車内で流しながら「これ、いい曲ですよねぇ」みたいな感じで言ってたんだよね。その車内で「ヘンゾ戦ではこれで入場したらいいんじゃないか」みたいな話になって「じゃあ、そうしよう」って決めたの。

――たまたまそういう助言があったんですね。でも、あれを流して負けてたら大変なことになってましたね（笑）。

田村　いや、ホント勝ってよかった（笑）。

――ああいうのってリスキーじゃないですか。たとえばヤマヨシ選手はリングスを離脱したあと、PRIDEデビュー戦で『キャプチュード』を流して入場してきて、わずか11秒でKO負けして盛大にズッコケたことがありましたけど（笑）。

田村　まあ、らしいと言えばらしいよね（笑）。

――あれだけ盛大なズッコケはヤマヨシさんにしかできないなと。逆に感動するぐらいでした（笑）。

田村　でも俺もたまたま勝てたからあれだけど、勝負はどう転ぶかわかんないからね。それこそギロチン（チョーク）で秒殺されていたかもしれないし。

――ヘンゾが序盤にかけたギロチンで、じつはタップ寸前だったんですよね？

田村　タップ寸前。ホントにヤバかったよ。あれはファンの声援があったのと、セコンドの坂田が俺の耳元に来て「首を抜いて！　抜いて！」って言ってくれたから冷静になれて、なんとか対処できただけだから。

――坂田さんの声でパニックにならずに済んだわけですか。

田村　あのとき、ギロチンのポイントがややズレて、首が抜けそうな状態になってたんだけど、やられている自分ではどのへんで抱えられてるのかわかんないんだよ。それを坂田が見越して「もうちょっとで抜けるから抜いて！　抜いて！」って言ってくれたんで、俺も「苦しいけどもうひと踏ん張りすれば抜けるんだ」と思って抜けたんだけど。あの「抜いて！　抜いて！」っていう声がなかったら、俺もあそこで諦めてたかもしれない。

――坂田さんはそんな重要な役割を果たしていたんですね。そういう関係があるなら、坂田さんが後輩なのに「タムちゃん」と呼んで許されてるのもわかるというか（笑）。

田村　まあ、坂田もいまや社長だからね。

――ヘンゾ戦の入場時は、田村さん自身も特別な思いがありました？

田村　それはもちろんありますよ。ＵＷＦで生まれ育った人間としてやっぱり思い入れがある曲だし、「ここはＵＷＦ vs グレイシー一族という図式でやったほうがいい」と俺自身思ったし。だからあのベンツの車内で『ＵＷＦのテーマ』を使うって決めたのは「自分のためじゃなくてファンのため」っていうのがあったと思う。

――そこがプロレスラーとプロ格闘家が、似ているようで違うところですよね。「これやったらウケる、おいしい」っていう感じでやっているわけではないという。

田村　まあ、ウケ狙いでやる人もいるだろうからね。

「高田さんの次に貢献したのは桜庭だと思う。レジェンドとしてもっともっと尊敬されてしかるべき人間」

――田村さんの場合、ファンのためにあえてリスクを負って、ＵとグレイシーＩの対立構造を鮮明にしたってことですもんね。

田村　だからホントに勝ててよかったなあ。何回も言ってるけど、ヘンゾ戦については、朝昼晩と自分のジムで合宿的な感じで寝泊まりして練習してたから、あの一戦にそれまでやってきたことのすべてを懸けていた部分はある。自分で自分を褒めるとすると、練習から食事からすべてヘンゾ戦に集中してやって試合に臨んだからこそ、首を取られたときに抜けられたんじゃないかなって思う。

――「これで負けるなら仕方がない」というくらいに万全に準

備して、あの試合に出ていったわけですね。

田村　そうそう。だから、もし負けたら「俺もそこまでの選手だった」と諦められるくらいにはやってきたから。

――そういう一世一代のヘンゾ・グレイシー戦に勝利して、いまがあるという。では、その後の試合については割愛させていただきます。

田村　なんで！　まだ、いろいろあるでしょうが（笑）。

――アリエフ・マックモド戦とかロニー・セフォー戦を掘り下げてもしょうがないかなと（笑）。

田村　なぜ、その2試合を出す（笑）。

――まあ今日のテーマは、U系のレスラーたちのさまざまな闘いによって、プロの総合格闘技というものが確立されていったというお話ですから。

田村　だから、そういう意味で言えば髙田vsヒクソンが果たした役割っていうのは凄く大きいと思うし、元を辿れば、前田さんとドン・中矢・ニールセンの異種格闘技戦がなかったら、UWFが格闘技に向かっていくようなこともなかったと思うから。

――前田vsニールセンで人気が爆発したことで、『格闘技通信』という雑誌も生まれたくらいですからね。

田村　そして総合格闘技の移り変わりのなかで、髙田さんの次に貢献したのは桜庭だと思うんだよ。でも、その桜庭がいまの格闘技界の中では全然浮かばれないでしょ？　ホント過去の栄光になっちゃってるから。レジェンドとしてもっともっと尊敬されてしかるべき人間なのに、あの一世を風靡した桜庭でさえ単なる昔の人扱いにしている人もいるからね。そういうマット界がちょっとさみしい。

――なんか世代が断絶している感はありますよね。桜庭さんは日本の大スターのはずなのに、海外からのほうがよっぽど尊敬されているという。

田村　PRIDEがああいう形で終わっちゃったから仕方がないのかもしれないけどね。だから俺が言うのもなんだけど、前田さん、髙田さん、桜庭が果たしてきた役割っていうのは、もっともっと評価されてしかるべきだと思う。そこにちょっと俺も貢献してると思うしね（笑）。

――わかりました（笑）。ところで余談ですが、田村さんがノアのエグゼクティブディレクターになったっていうのはどうなったんですか？

田村　まだやってる。

――あっ、そうなんですか⁉

田村　でも、あれは厳密に言うとノアじゃなくて親会社（リデットエンターテインメント）のほうだから。簡単に言うと、親会社があってノアが成立していたんだけど、その親会社がノアを手放したことによって、いまはサイバーエージェント傘下になったわけでしょ。で、俺はノアの親会社との付き合いがあるから、そこと契約してるわけ。だからイメージとして「ノアの田村」っていうふうに伝わっていたかもしれないけど、ノアは

ひとつのコンテンツであり、そこが譲渡されたっていう話だから。

――では、ノアはサイバーエージェントに移ったけど、田村さんとリデット社の関係は続いていると。

田村　そういうこと。ただ、ノアがサイバーエージェントにいってから俺は（リデット社の）仕事を何もしてないから、それはこれからちょっと話さなきゃいけないし、もうちょっとしたら何かしら動くと思うんだけどね。

――ボクは田村さんがノアに上がるもんだとばっかり思っていましたよ。

田村　上がるわけないでしょ。あんな団体（笑）。

――ダハハハ！　あんな団体（笑）。

田村　いまのは冗談（笑）。

――拳王とやるもんだと思ってました（笑）。

田村　簡単に言うと、俺は親会社との付き合いだから、ノアと直接関係していたわけでもなかったんだよね。それを雑誌とかでプロレスの流れっぽく扱われるのは想定外だったんだけど。ノアはノアでがんばればいいわけで、俺はちょっと違うところから見てる。

――立場的には長州さんと似ているわけですね。

田村　そうそう。だから俺は俺で、地道にがんばっていきますよ。あと言いたいことといえば、「ＹｏｕＴｕｂｅのチャンネル登録、お願いします」ってことぐらいかな（笑）。

100！
この時代に、この数字は偉業って読者に伝わってますかね?
井上編集長なら200、300と軽くキメちゃうと思いますが。
『KAMINOGE』のギリギリの綱渡り感、敬服してます（マジで）。
佐々木賢之（『Gスピリッツ』編集部）

100号おめでとうございます！
『KAMINOGE』は読み飛ばす記事がひとつもない、
まさに黄金期の『少年ジャンプ』のような雑誌です。
嶋田隆司（漫画家ゆでたまご）

引退して新潟に帰って、
もう二度とこの世界に戻ってくるつもりがない僕に、
『KAMINOGE』は何もなかったかのように
毎月電話でインタビューをしてくれた。
『KAMINOGE』が忘れないでいてくれたので、
いまもなんとかこの仕事を続けられている。
これだけ毎号おもしろい原稿にまとめてもらっているのに、
単行本化の話がこないのは間違いなく
僕の人気と知名度に問題があるせいだと思う。
200号までには、どんな手を使ってでも有名になるので、
その暁には巻末のやりとりだけをまとめた本を
4000部くらい刷ってもらって、
井上さんに恩返しができればいいと思う。
スーパー・ササダンゴ・マシン／マッスル坂井（プロレスラー）

オイ、ヤマモト！「ハイ！」。お前じゃないよ。
おい、やまもと?「ハイ！」。お前じゃないと言ってるだろ。
墓に糞、ぶっかけるぞテメエ。
ターザン山本！（活字プロレスの鬼）

100号おめでとうございます。
業界再編の波が来ているなかで、
『KAMINOGE』さんには業界関係者たちの癒しとなるような
誌面作りを今後もお願いできたらと思います。
引き続き、情報提供などにつきましては
駒沢の『かっぱ』でお願いします。

高木三四郎(プロレスラー)

100号もよくやったね。
だけどウチの道場が主催する
ダイヤモンドキッズカレッジは108回。
まだまだだな!

髙田延彦(髙田道場代表)

おめでとう。次はいつ取材に来るんだ?
またくだらない話でもして笑おうぜ。

髙山善廣(プロレスラー)

『KAMINOGE』100号、おめでとうございます。
『KAMINOGE』さんにはいろいろとお世話になっていますし、
もちろん毎号楽しく読ませていただいています。
正直言いまして100号も続くとは思っていませんでしたが(笑)。
今後とも引き続きプロレスリング・ノアをどうぞよろしくお願いいたします。

武田有弘(ノア・グローバルエンタテインメント執行役員)

『真説・佐山サトル』を連載していたとき、
校了のたびに井上さんがやつれていたのを思い出します。
最近、元気そうで嬉しいです。100号おめでとうございます!

田崎健太(作家)

新日本プロレス"100年に一人の逸材"棚橋です。
100という数字には敏感です。
『KAMINOGE』100号おめでとうございます。
…ということは、きっと、表紙!?
オファー待ってますね。

棚橋弘至(新日本プロレス)

4.19
あるのか、横アリ!?
RIZIN.22

いざ、朝倉未来戦。〝KRAZY BEEの特攻仙人〟が進退を賭けた勝負に出る!!

〝NO FACE〟朴光哲

「五重の塔があるとしたら、自分は〝二階の敵〟っていうのも理解してます。階を登っていくごとに強敵が現れるマンガみたいなストーリーをみんなが観たいのも重々承知。だけどそこで二階の変なおじさんががんばっちゃうよって」

収録日:2020年3月6日
撮影:タイコウクニヨシ
写真:©RIZIN FF
聞き手:井上崇宏

「ちゃんと爪痕と結果を残すよって。小手先だけで盛り上げるんじゃなくて覚悟を決めて盛り上げますから」

――前回はご結婚されたばかりのときにインタビューさせてもらったんですけど、このたびは第一子が誕生したということで、またまたおめでとうございます。

朴　ありがとうございます。去年の10月に女の子が生まれたんですけど、まあかわいいっスね（笑）。

――父親になられて、心境の変化とかはありました？

朴　やっと一人前になれたかなって。お父さんに昇格できたなって感じっスかね。あと社会的に多少怪しくなくなってはきますよね（笑）。去年で厄も明けたんで今年からバッチシ。5月で43歳になるんですけど、がんばろうかなと思ってますね。

――厄が明けて早々、ついにRIZIN登場ですね。4・19『RIZIN21』横浜アリーナで朝倉未来と対戦。

朴　まさか自分がRIZINに出れるとは思ってなかったっスけどね。

――ずっとONEで試合をされていて、まだ契約中だと聞いていたんですよ。

朴　まあ、最近オファーもないから「試合を組む気がないんだったらリリースしてください」ってことで。

――朴さんから申し出たってことですね。

朴　はい。それでファイターとして試合するからには、強くていちばん輝いている選手とやりたいじゃないですか。いまの国内でいうとそれが朝倉未来選手だと思うし、矢地も去年やられていてKRAZY BEEとの因縁じゃないですけど、そういうのもあるんで。RIZINは「立候補するのはべつに自由です」って言うんで「じゃあ立候補するだけしてみよう」ってことっスよね。それで立候補してみたら朝倉未来様がオッケーしてくれたんで（笑）。ホントにいろいろ迷惑かけてるなって思うんですけど、ありがたいっスよね。

――RIZINにはどういう印象をお持ちでした？

朴　もちろんスタートから観ていて、やっぱし日本のメジャーがまた始まるってことで興味はあったっスけど、メンバーを見たらみんなフレッシュでキラキラしてるじゃないですか？（那須川）天心くんとか矢地（祐介）とか見ても何も陰がないっていうか（笑）。全然嫌な匂いがしない、怪しさがないですよね。だから「これは俺の居場所はねえな」っていうのを2秒で察知して。

――旗揚げから2秒で！（笑）。

朴　こんなフレッシュなところには入れない、だったらONEでがんばろうと思ったんですけど、ノリさん（山本KID徳郁）が「朴も一緒にRIZINに出ようぜ」って凄い言ってくれてたってのはあるんですよね。「でもノリさん、俺らはこのナリっスよ？」みたいな（笑）。

——このナリ（笑）。KIDさんもRIZINを目指してたんですか？

朴　「やっぱ最後はRIZINに出ようよ」って言ってたっスね。美憂さんもアーセンもみんな出てるし、そこにノリさんが出るっていうのは全然アリだけど、さすがに俺はナシでしょうっていう（笑）。でも、そのRIZINがこうして続いていて思ったのは、やっぱしあのフレッシュなメンバーでずっとやりながらも格闘技なんで勝った負けたがありますよね。で、海外ドラマとかだとシーズン5とかを過ぎるといきなり変な展開になったりするじゃないですか。「これ、ギャグだろ」「脚本家が遊んでるだろ」みたいな。

——はいはい。

朴　そういうときになったら、自分とかにも絶対にチャンスが回ってくるなって思ってましたよね。ネタが尽きたときに（笑）。

——新しい展開がほしい谷間に（笑）。

朴　そうそう（笑）。そこにこんなタトゥーだらけの炎上キャラが出てくるのはアリっていうか。まあ、生贄っスよね。

——生贄！（笑）。

朴　みんな、刺青だらけの怪しいおっさんがボコられるのとか観たいっていうか、そんなの観たらスカッとするじゃないですか（笑）。

——そこまで観客の意を汲んでるんですか（笑）。

朴　それが勝っちゃったら「なんだよ！」って凄いヒールにも

ANTI BABYLON
MEMENTO MORI
NO FACE

なれるし、負けたら負けたで「ああ、スカッとした〜。刺青なんか入れてるから負けるんだよ」ってうまいビールを飲めるじゃないですか。それってシーズン1ではできないんですよ。ただ、シーズン6への起爆剤としてパッと出ての一発屋じゃさびしいので「ちゃんと爪痕と結果を残すよ」っていう。まあ、自分の立ち位置っていうのもわかってるし、いまは朝倉未来、朝倉兄弟っていうのを中心に格闘技界が流れてる。五重の塔があるとしたら、自分は二階の敵っていうのも理解してます。

――ファミコンの『スパルタンX』で言うところの（笑）。

朴　そうそう（笑）。階を登っていくごとに強敵が現れてっていう、マンガみたいなストーリーをみんなが観たいと思ってるのは重々承知なんですけど、そこで二階の変なおじさんががんばっちゃうよって。しかも、そこで勝っちゃったら今度は俺のストーリーが始まるんで盛り上げていきますよ。小手先だけで盛り上げるんじゃなくて覚悟を決めて盛り上げますから。

「自分の現役中は永遠にノリさんのバーターっスよね。いまとなってはそれが嫌だなって思わないし、感謝しかないっス」

――ここ数年、ずっとONEで試合をされていて、一度はライト級王者にもなって。ただ、ここ最近は3連敗中で、正直あまりいい負け方でもないという状況なんですけど。

朴　そうっスね。ただ、これはベテランとか格闘技にしがみついてる人たちがみんな言うと思うんですけど、自分ではいまがピークだと思ってやってるんで。「あの頃みたいに！」じゃなくて、単純に強くなるために日々やっていて、いまはその実感があるんですけどね。

――たしかに長く続けている人って「いまがいちばん強いと思う」って言いますよね。

朴　まあ、自分にそう言い聞かせてる人もいるんだろうけど、俺とかはやっぱし本気でそう思ってますね。逆に言ったら「そう思ってなくて長くやってる人ってなんでやってるのかな？」って。それと天才とか強い人たちは勝っても課題を見つけてやっていけるんですけど、自分みたいな凡人は、負けないと課題がなかなか見えてこなかったりするんで。負けてただの犬死にじゃなく、「もっとこうすればよかった」ってとこに気づいたりして、どんどん辞められなくなっていっちゃうんですよ。だから負けが込んでても得たものがデカいんで「まだいける」って感じでやってますよね。やっぱし映画とかマンガの主人公もピンチに陥ってから最後は覚醒するじゃないですか？　そこを目指したいんですよ。

――以前、朴さんが後輩の選手たちに言っていた言葉で印象的だったのが、「端から見てて、もうヤバえだろって思ったらマジで言ってくれよ」っていう。

朴　そうなんですよ（笑）。やっぱあきらかにパフォーマンスが落ちてるベテランの人とかの試合を観て、「俺がこうなったら教えてね」って（田村）一聖とかにも言ってるんですよ。だけど、なかなか後輩たちは「朴さん、そろそろ潮時じゃないっスか?」とかって言ってくれないんで（笑）。

――たしかにいざそうなったとしても言いづらいと思います。

朴 でも、それをやんわりとでも言ってくれるような環境作りをしていきたいっスよね。それはスパーで思い知らせてくれるっていうのも1個の手だと思いますし。

――2018年9月にボスのKIDさんが亡くなられたとき、朴さんはどんな気持ちになりましたか?

朴 そうっスねえ……。いまだに実感はないっスけど、凄い喪失感というか、大変なことが起きたっていう感じですかね。

――ジムの中では朴さんがいちばんKIDさんとの付き合いが長いし、深かったでしょうし。

朴 だからなおさら実感がないっスよね。いまでもノリさんには日々感謝しながら生きてますよ。

――KIDさんの死によって、KRAZY BEEが全体的に一瞬揺らいだというか、それは端的に言って戦績のことなんですけど、いまはそこから徐々に立て直してきていて。

朴 そうっスね。やっぱしノリさんがいなくなったことで、自分たちのパワーじゃないところで注目を浴びたので、それのしっぺ返しなのかなって。自分たちの露出も凄い増えたけど、それってノリさんの名前で目立っちゃってただけなんで。そうすると、まあ勘違いしてたのかなっていうところもあるし。ただ、選手同士で「気合いを入れてやろうぜ」ってことで、それが結果にも出てきてるんで。これから若いみんなは自立してやっていかなきゃいけないわけですけど、自分の場合は永遠にノリさんに……やっぱし俺も若いときなんかはノリさんの名前があるっていうことに反発する時期もあったんですよ。HERO'SとかDREAMに出てたのも、要するにノリさんのバーターじゃないですか（笑）。

――いやいや、ちゃんと結果も出していましたよ（笑）。

朴 いや、結局はバーターなんで「俺は俺でいく!」っていう時期もあったんですけど、ノリさんの名前っていうのは結局消えないんで。自分の現役中は永遠にバーターっスよね。いまとなってはそれが嫌だなって思わないし、まあ、感謝しかないっスよね。

――一方で責任もありますよね。KIDという名前とKRAZY BEEという看板に対する。

朴 そこは背負っても背負わなくても負けるときは負けるし、勝つときは勝つんで。ただ、泥は塗りたくないっていう。せっ

朴光哲（ぼく・こうてつ）
1977年5月27日生まれ、静岡県出身。総合格闘家。KRAZY BEE所属。
2001年11月26日、マーク・ドゥンカン戦でプロ修斗デビュー。2006年8月5日、HERO'Sでアレッシャンドリ・フランカ・ノゲイラを破る。その後、DREAM参戦などを経て2012年10月6日、ONE初参戦となった『ONE FC 6』の初代ライト級王座決定戦でゾロバベル・モレイラをTKOで破り王座獲得。2019年8月16日のタン・リー戦を最後にONE Championshipとの契約を解消し、2020年4月19日、『RIZIN.22』で朝倉未来と対戦予定。

かくこんなにいい施設を残してくれて、いいメンバーと練習して勝てないっていうんだったら、いよいよかなって感じなので。ここにはノリさんの写真もいっぱい飾ってあるし、こうやって目を合わせてこっちが逸らすようだったら「ああ、いま自分は全然ダメだな」みたいな。しっかり目を見れるときは自分にウソなく練習できてるんだなとか、そういう感じっスかね。

――昨年末、矢地選手が3連敗からの上迫（博仁）選手にKO勝ちをして。あのときのセコンドの朴さんの喜びようっていうのは、やっぱり自分と重ね合わせたところもあったんですか？

朴　まあ、そうっスね。同じ選手として負けてたら感情移入するんで、「おー、勝った！」っていう。自分が闘ったわけでも、自分が勝ったわけでもないのに、自分が勝ったかのようにね。「どうだ！　ウチの矢地、いいだろ？」みたいなね（笑）。

――「これ、ウチのだよ！」って（笑）。

朴　「ウチの！」って（笑）。それも醍醐味っスよね。個人競技なんですけど、やっぱ負けると チームが否定されちゃうし、逆に勝つと「あのチームやべえ」っていう。そういうのはありますよね。

『あなたと闘うために最高のコンディションに持っていくんで』ってちょっとお金を借りようかなって（笑）」

――その矢地さんが3連敗となった試合が朝倉未来戦だったわ

けですけど、あそこで戦前の煽りも含めて、ちょっとKRAZY BEE全体を巻き込んだような形になりましたよね。あそこで朴さんは未来選手攻略に関して「だいぶ合点がいったところまで来た」と言ってたんですけど、あれは本心としてありましたか？

朴　攻略法とまではいけなかったんですけど、「あっ、強いんだな」っていう（笑）。

――強いっていうのはわかった（笑）。

朴　そうそう。「ああ、なるほどね。これは強いわ」っていうことっスよね。だからいま絶賛攻略中（笑）。

――矢地選手が判定負けを喫して周囲が落ち込むなか、朴さんはちょっと異質で、未来選手を「あれはプロだ」って褒めてるような感じでしたよね？

朴　ちゃんとしてますよね。それで稼いでるからお金を借りようかなって。「ちょっと試合の準備で……」って（笑）。

――「これはあなたと闘うためですよ」と（笑）。

朴　「あなたと闘うために最高のコンディションに持っていくんで、ちょっと30万だけでも……」って（笑）。それくらいの融資はしてもらいたいっスね。

――アハハハハ！　なに言ってんですか、ホントに（笑）。

朴　やっぱ彼は凄い盛り上げるじゃないですか。最後、矢地からフラッシュダウンを取ったときのあの立ち振る舞いと会場の盛り上がり。あれは千両役者っスよね。格闘家はみんなあれをしたいわけじゃないですか。言ったらみんなマクレガーになりたいんですよ。それをいま日本の格闘技で地で行ってるって感じですかね。

――それと未来選手にはホントにヤバイ修羅場をくぐり抜けてきたんだろうなっていう匂いがするじゃないですか。そこは朴さんも感じ取っていますよね？

朴　まあ、そうっスね。ただ、そういうのはよくわかんないですけど、しっかりとした技術、自分の形を持ってるってことっスよね。

――でも、言ったらKIDさんや朴さんたちが元祖アウトサイダーじゃないですか。

朴　いやいやいや。ボクたちは全然違いますよぉ（笑）。

――そんな急にかわいらしく（笑）。

朴　自分はコミュニティの中でぬくぬく育ってきたんで。一見、少数派に見えて自分らは自分ら同士でつるんでたんで、孤軍奮闘みたいなことはなかったっスね。

――常にひとりではなかった（笑）。

朴　はい（笑）。

――だけど、こないだの浜松のリング（2・22『RIZIN21』）で未来選手に対戦要求したときの朴さんも千両役者っぷりを発揮されていて。

朴　いやいや（笑）。なんか煽るつもりはなかったんですけど、ぶっちゃけ「なんか変なおじさんが入ってきたけど誰だよ？」

みたいな感じじゃないですか。

――会場でRIZINのあるスタッフからは「一瞬、井上さんがふざけてリングに上がったのかと思った」って言われました（笑）。

朴　アハハハハ！　まさにそういうノリじゃないですか（笑）。みんなやっぱ、朝倉未来がバーンって行って、売れて、カネ稼いでて、「自分が闘ったらどうなるんだろ？」って思ってると思うんですけど、なかなか実行するってことができないんで。自分も「やったらどうなるのかな？」っていうのは矢地と試合したのとかを観てたら、それはやっぱ意識せざるをえないじゃないですか。そういうチャンスがあるんだったら絶対にやりたいなと。で、そのチャンスが来たんで。炎上しましたけどね（笑）。まさか自分がこの歳になって炎上させるとは思わなかったんですけどね。

――最高ですよ（笑）。

朴　本来は目立たずにしれっとやりたい派なんで。裏でプロデュースしたいタイプなんで、俺は（笑）。

「人間のパワーってやっぱし未知のものがあるんで。年齢とか人種とか関係なく、同じ人間っスから」

――暗躍したいタイプ（笑）。

朴　暗躍したいタイプなんで。だから矢面に立たされるってこ

とは思ってもいなかったんですけど、まあ、それでちょっとでも盛り上がるならいいのかなって思ったりもするんで。

──でも「マイクパフォーマンスとは何か?」ってことを完璧に思い知らせてくれましたよね（笑）。

朴　いや、勘弁してください（笑）。まあ、賛否っていうか否のほうが多いんですけど、それって結局ファンが何を求めてるかといったら、強い日本のMMA、強い日本人を求めてるんですよ。あのときのKID、ルミナ、マッハ、五味、エンセン。やっぱし力道山の世界っスよね。ガイジン相手にボコボコに秒殺してっていうスターがいると日本の格闘技が盛り上がりますよね。そこで「やっと出てきた朝倉っていうスターをうまく使えよ」と。「いまさらあんなヤツと闘わせてどうするんだ」っていう。このマッチメイクへの批判は、そういうファンの日本のMMAに対する熱い気持ちっスよね。それは凄いわかるんで「いやあ、すいません」と。だけど俺も天下無双を目指しててまだ諦めてない、全部見える達人の世界を夢見てやってるんで。ただ単に今回目立ててラッキー、人とお金を集めてラッキー、試合ができたことでラッキーじゃなくて、やっぱし爪痕を残したいし、勝ちたいっスよ。もちろん自分は100パーセント勝ちに行くつもりで。この期間をどう過ごすかで絶対に勝てない相手じゃない。

──じゃないと試合したいと思わないですよね。

朴　ただ、俺にチャンスをくれて、神様、仏様、未来様で、オ

ファーを受けてくれてホントにありがとうございますっていう感じっスよね。受けてくれたあっちも叩かれますからね。「おまえ、なにイージーファイトしてんだよ！」って。でも結果やってよかったなって思われるように、こっちは勝ったあとのことまで考えて。「見てくれよ、やるから！」って言って成しとげたときに「だから言ったでしょ。俺のことを何人信じてたの？」って言うところまでがセットっスよね（笑）。

――そこまでがセット（笑）。

朴　そうしたらカッコいいっスよね。みんな自分で限界を作っちゃうんですけど、人間のパワーというか、スピリチュアルな怪しい方向に行きがちですけど、やっぱし未知のものがあるんで。年齢とか人種とか関係なく。同じ人間っスから、なんか絶対に最強への抜け道はあるんですよね。そういうとこに日々もがいて、たどり着きたいっスよね。そのもがく作業も無駄じゃないと思うんで。

――そうですね。でも「これで負けたら辞める」とも言ってますよね。これはどういう心境から出た言葉ですか？

朴　やっぱ闘うのが好きだから当然俺も身体が動くまでは、アイデアが浮かぶかぎりはずっとやりたいですよ。だけどやっぱしそんな何連敗もして、8連敗、9連敗ってしてたらファンは乗れないっスよね。応援するにしてもただのホーミー、なんでもいいから「ああ、がんばって！」みたいな。そうなるとやっぱし悪いんで。まあ、ケジメっスよね。でも俺は来年、凄く運気がいいんで（笑）。

――ほう（笑）。

朴　運勢とかスピリチュアルの話ばっかしてるけど（笑）。だから絶対に来年に繋げたいんですけど、いつ大ケガするかもわからないところで、もうひとりじゃないんで。愛する家族がいるから（笑）。ただ辞める気はさらさらないっスけどね。いま格闘技をやっていていちばん楽しいし、充実してるし。モチベーションなんてまったく枯渇しないですから。朝起きたら溢れ出るモチベーションのなかで1日をスタートさせてますよ。コーヒーを飲まなきゃ練習できないみたいなヤツはダメっスよ（笑）。そういう若いときにはなかったことがいま起きてるんで。ただ単に軽く引退を賭けてはいないよってことっスよね。俺はこの競技が大好きで、自分の伸びしろっていうのをまだまだ感じてるんで。それが錯覚で勘違いかもしれないですけど、やっぱ最後までやりたいっていうのがあるんで、それを賭けて、覚悟を決めてってことっスよね。勝ちたいっスよ。ルールの範囲内であればどんな姑息な手段を使っても勝ちに行く。

――では4月19日は、43年間で育んできたすべてのバイブスをぶつけてください。

朴　はい。闘魂注入っスね。

結成20周年のサ上とロ吉の曲に乗って、
デビュー10周年の浜崎朱加&アミバ組の入場です！

サイプレス上野とロベルト吉野 vs 浜崎朱加とアミバ

「売れるイメージとかは何も考えずにきた。ただライブを思いっきり誰にもできないことをずっとやり続けたかっただけ」

「もう10年経つんだって感じですよ。試合もあんまりしてないし、すぐに若手に追いつかれるぐらいのキャリアですから」

収録日：2020年3月12日
撮影：タイコウクニヨシ
構成：井上崇宏

TEL : 03-
DREW

「女子格闘技はマイナーだったから、バイトしながら練習というのがけっこうキツかった」（浜崎）

――「サイプレス上野とロベルト吉野」が今年結成20周年ということで、おめでとうございます！

浜崎　おめでとうございます！　20年って凄い。

サ上　ああ、うれしいですねえ。

――そして、なんと浜崎さんも総合格闘技プロ10周年。

浜崎　２００９年10月にデビューなので、まだなんとか10周年と言えるのかなって（笑）。

サ上　じゃあ、乾杯しましょう！

一同　かんぱーい！

浜崎　私、お二人とはアミバの紹介で知り合ったんですよ。

――アミバさんってサ上とロ吉の追っかけ的なことだったんですよね？

アミバ　ずっとファンですよ。最初にライブに行ったのは15年くらい前ですから。

サ上　ホントに初期の頃からの常連だよね。

アミバ　ライブが凄いおもしろくて。だから私の入場曲を作ってくれるってなったときに「私なんかがやってもらえるあれじゃないです」って凄い恐縮したんですから。

――浜崎さんよりもずっと前に入場曲を提供してもらったんですよね。

アミバ　めちゃめちゃうれしかったんですよ。でもそういう関係性に行き着くまでに何年もかかったわけじゃないですか？　なのに浜崎さんのほうは知り合ってすぐに二つ返事で「ああ、やるやる！」って（笑）。

サ上　朱加もライブに来てくれたりとかしていて、あとお互いにＬａｆａｙｅｔｔｅっていう共通のブランドの服を着てたりとかしてたから。

――浜崎さんの入場曲ができたとき、正直アミバさんはどう思ったんですか？

アミバ　まあ、それは……。いや、もちろんいいんですけど、それにしても凄い話が早かったなと思って。マジで５秒くらいで決まってたから（笑）。

サ上　「本物は本物を知る」っていうやつだよ（笑）。

浜崎　15年前って私はまだ東京に来ていないかもしれない。まだ柔道をやっていたか、ちょうど辞めたときくらいかな。それで地元の山口のドコモショップで働いたあとに東京に出てきて、スポーツクラブに勤めていたんですけど、また身体を動かしたくなってＡＡＣＣに入会したんですよね。最初はプロになる気はなかったけど、打撃も始めてみたら総合に興味が出てきて、なんとなく始めたっていう。でもスポーツジムも忙しかったので、本気で格闘技をやるとなったら辞めなきゃなってなり、それでバイトをしながら格闘技をやっていましたね。当時はそこまで女子格闘技が盛んじゃなかったので、いまの子たちは恵ま

れてますよね。競技人口は少ないし、マイナーだったし、それだけでは食べていけなかったから、バイトしながら練習ってけっこうキツかったよね？

アミバ　ギリギリでやってたよね、ホント。

浜崎　まあ、好きだからやっていただけなんですけど、やっぱいまとは時代が違いましたよ。

――海外で試合をするようになってからもキツかったですか？

浜崎　食べていけなかったです。

アミバ　年間の試合数も多くなかったもんね。

浜崎　しかもチャンピオンになってからはタイトルマッチの相手もすぐに見つかるわけじゃないので、年に1～2試合とか。

サ上　大変だなあ。

浜崎　でも私的には10年って言われて、「もうそんなに経つんだ」って感じなんですよ。だって私はまだ22戦くらいしかしていなくて、すぐに若手に追いつかれるぐらいのキャリアっていうか（笑）。「全然闘ってないな」と思って。

サ上　俺らの場合も20年と言っても、そのほとんどが潜伏期間だから（笑）。

――土中生活が長かった。

サ上　地上に出て間もないし、たぶんもうすぐ終わると思いますよ（笑）。

ロ吉　アッハッハッ！　セミのような感じで（笑）。

「ライブはすげえ思いっきり誰にもできないことをずっとやり続けたいみたいなのがあったっスね」（ロ吉）

サ上　結成したのは俺がハタチのときで、吉野が19歳ですからね。

浜崎　若っ！

――そこからずっとこの2人で20年っていうのは凄いですよ。

サ上　でも最初からお互いに結成感がないっていうか、組むときに「一緒に何かを成し遂げよう」っていうのではやってないんですよ。だから「結成しようぜ」っていう会話もしていなかったし、「俺らでヒップホップを変えようよ！」とかっての も1回も言ったことがないんで。そのまま「ヒマだからやってくれねえ？」「ああ、いいっスよ」みたいな。だから、お互いがDJをやるときなんかもかける音楽とか全然違うし。俺は4つ打ちかけたりとかしてるから。

ロ吉　その距離感がちょうどいいんでしょうね。

サ上　夫婦みたいな言い方やめろよ！（笑）。

――結成した当初から音楽性が違っていて、モメようがないってことですね（笑）。

サ上　モメようがないんです。吉野は1曲も作ってないですし。

ロ吉　ボクはライブ部隊ですから。

――部隊って言ってもひとりですよね（笑）。

サ上　けっこう吉野がトラックを作ってるって思われていて、「ロべさんのビート、カッコいいっスねえ」って言われたりしてるよね？

ロ吉　「ちょっと待てよ、俺じゃねえから。あれ、上野くんだから」って（笑）。「えっ、ビートも上野さんが作るんですか？」みたいなそういう感じで。それで「いや、俺はDJだからさ」って。ボクは潔すぎるんですよ（笑）。

サ上　だけどケンカはしょっちゅうしてましたね。

ロ吉　まあ、ライブの構成がうまくいかなかったときとかは。

サ上　吉野もバトルDJで競い合いが好きだし、俺もMCバトルに出てたから、いざ2人でやるときの組み立てを覚えていないとかして、そういうときは超ケンカしてましたね。なので1回、「ライブで酒を飲むのはやめよう」ってなって。「ライブのときに飲んじゃったら、お互いに忘れるから」ってことで酒をやめたらうまくいったんだけど、「すげえつまんねえ！」ってなったんですよ（笑）。

――ライブが楽しくなくなった（笑）。

サ上　「これは俺たちらしくねえな」って。

ロ吉　そうですね。

サ上　それで俺たちがメディアとかに出してもらったのは、2004年に自主制作で『ヨコハマジョーカーEP』っていうのを出したんですよ。それでようやくスペシャとかがおもしろがってくれて、番組の最後に出してもらったり、ちょい役で急に2人で出て行ってみたいなのをやったあたりですかね。だけどそのEPは最初300枚とかしか出荷しなくて、俺と吉野の実家に300枚ずつ置いていて、「捨ててえなあ」とかずっと言ってたんですよ（笑）。

――減らないんだ（笑）。

サ上　全然減らないんですよ。

ロ吉　それでほら、いちばんラストの束を売っぱらってからの帰りの電車で……。

サ上　そうだ。そのあとにスペシャの効果とかで急に売れたんだけど、「最後の残りを宇都宮で全部売る」って言ったらみんなが買ってくれたんですよね。そのときの5～6万円とか当時にしてみたら「ありがてえ！」ってなって、謎みっちゃんっていうヤツと一緒に電車で帰っていたら、そのカネをヤツが電車に置き忘れて全部パクられて（笑）。「おう、てめえ！小田原まで追っかけていけ！」ってまた次の電車の中に叩き込んだんだけど、「ありませんでした……」って。

ロ吉　寝ちゃってたんですよね。

サ上　それでちょっとだけ残っていた在庫とかも一緒に消えたんで、「まあ、はけたからいいか」って（笑）。それで誰かが聴いていてくれたらといいやと思って。

――猪木イズムだ（笑）。いつか自分たちは売れるっていうイメージはありました？

サイプレス上野とロベルト吉野(さいぷれすうえのとろべるとよしの)
マイクロフォン担当のサイプレス上野とターンテーブル担当のロベルト吉野が2000年に結成。“HIP HOPミーツallグッド何か”を座右の銘に掲げ、“決してHIPHOPを薄めないエンターテイメント”と称されるライブパフォーマンスを武器に、ロックイベントへの出演やアイドルとの対バンなど、ジャンルレスな活動を繰り広げ、ヒップホップリスナー以外からも人気を集めている。2020年に結成20周年を迎え、5月13日にはコラボアルバム『サ上とロ吉と』をリリース予定。

サ上　いや、まったくなかったですね。全然何も考えずに。

ロ吉　そういう感じには捉えていなかったですけど、ライブはすげえ思いっきり誰にもできないことをずっとやり続けたいみたいなのがあったっスね。

「ほかのヤツらには負けたくない。まわりにライブがだせえヤツらがいたから『コイツらを打ちのめす！』みたいな」（サ上）

サ上　CDを出す前から「ライブはイケてる」みたいな感じではあったっスね。ホントに吉野とクルマで2人っきりで、アメリカのレスラーみたいな感じでいつも戸塚から出発してライブに向かって。いつも吉野がポプラで買った弁当を食いながら運転するんですよ（笑）。

――DJですもんね（笑）。

サ上　「おまえ、器用だな。2枚使いやってんな」みたいな（笑）。それで新宿で警察に止められたら、木刀が出てきたりとかして「おまえら、これ何に使うんだ?」って聞かれて「ライブです」って言ったら、「おまえら、どんなライブをやってんだ?」って言うから「いや、木刀で人を追い回すんですよ」って（笑）。

ロ吉　それと大量のビール瓶にも興味を持たれて（笑）。

サ上　そういうのを繰り返していて、気づいたら週4日とかでレギュラーライブが入って。だけど1円にもならないんですよ。カネなんかもらえないし。

――タダでもいいから出るみたいな。

サ上　名前を売るために東京に来るみたいな感じで、「なんで俺たち、こんなに東京にいるんだ?」って感じだったよね。行って帰って、寝て起きて、また行って帰ってみたいな。

ロ吉　そうですね。

サ上　ただ、「ほかのヤツらには負けたくない」っていうのは凄い強くて、まわりにライブがだせえヤツらがいたから「コイツらを打ちのめす!」みたいな感じで。あと一応の欲としては「東京のデカイところに名前が載るようにはなりたいね」くらいは言ってて、それでやっていた感じですね。

――じゃあ、売れたいっていうよりも、試合感覚というか一緒にライブに出ているヤツらに勝ちたいっていう。

ロ吉　ああ、そうですね。

サ上　その日、俺たちがいちばんいいムーブというか、「ヤバかったでしょ」っていう感じを残すことをずっと心がけてる。だから練習しかしてなかったもんね?　そんな感じでやってたらいろんなバンドとかにも呼ばれ始めて……そうだ。レコ屋でバイトをし始めて、そこで出会った人たちはデカかったっス。パンクバンドとかをやってる人とかが凄いいて、その人たちにもおもしろがられて「おまえら、出ろよ」みたいな。だけどその頃ライブハウスにターンテーブルとかないから、俺と吉野でタンテをクルマに乗っけて行ってね。

ロ吉　そうそう。

サ上　でも、めちゃくちゃなのが、その人と一緒に働いてるのに、その人は社員で早くあがって、俺は17時まで働かなきゃいけないんですよ。それで「吉祥寺に来い！」って言われて、ナビとかがない時代だからまったくわかんないんですよ。だから勘だけで運転してましたからね（笑）。

ロ吉　勘で（笑）。

サ上　それで携帯にかかってきて、「遅えよ、コラ！」とか言われて「いや、わかんないっスよ」みたいな。それで「着いた！着いた！」って行ったら、「もうおまえ、転換だよ！」って言われて、あわててターンテーブルを運んでいってやるってのをやってたら、それがウケたんですよね。一生懸命にやるむちゃくちゃなヤツらみたいなので。それで何を思ったのか、俺らのときに外に出て酒とか飲んでる人がいたから「ヒップホップがやべえの教えてやるよ！」みたいになって、自分のクルマのボンネットの上とかに飛び乗ってボンボン跳ねたりとかして、「パンクよりも俺たちのほうがやべえんだよ！」みたいな。それをやって家に帰ってから凹んだボンネットを見て、ひとりすげえ凹んで落ち込むっていう（笑）。

――「何やってんだ、俺」って（笑）。

ロ吉　でも、あのビジョンは俺の中では上野くんがダンシングベイビーに見えたんですよ。

サ上　そんなかわいかった？（笑）。

「東孝先生に『ここにビールの自販機を置きたいんだけど、おまえはどう思う？』って聞かれて」（サ上）

――浜崎さんへの入場曲提供は、ＲＩＺＩＮ登場からでしたっけ？

サ上　そうですね。

浜崎　アミババージョンもカッコいいんですよ。

アミバ　私は作ってもらってからは毎回それで入場してますね。

浜崎　直近は1年前だけど（笑）。

サ上　そんなペースで試合やってんのか（笑）。

――ヒクソンペース（笑）。

アミバ　ヒクソンってそんなもんだったんですか？　でも私は90分も闘えない！

――それはホイスですね（笑）。

サ上　その桜庭vsホイス、俺も東京ドームで観てたからね。

――上野さんはプロレスだけじゃなくて、もともと格闘技も好きなんですか？

サ上　めっちゃ好きっスよ。俺、大道塾に行ってたんで。

――あっ、そうでしたっけ！

サ上　横浜の道場に。
——あのフルフェイスを被ってやってたんですか？
サ上　あれって緑帯からなんですけど、昇級試験みたいなのがあったときに東先生になぜか凄く気に入られて、俺はあれを先に着けさせてもらってたんですよ。それで組手をさせてもらって「おまえ、おもしれえな」って言われて。
——東孝先生にですか？
サ上　そうなんですよ。で、「ここにビールの自販機を置きたいと思うんだけど、おまえはどう思う？」って聞かれたから「絶対に置いたほうがいいっスよ！」って言って。
——それも東先生に？（笑）。
サ上　東先生に（笑）。そうしたら「おう、そうか」って。「じゃあ、おまえ、もうひとりやれ」って言われて「えっ、またやんの？」みたいになって。もうスネとかバリバリ痛えのに黄色帯までは極真ルールなんでそれをやらされて、「おまえ、いいよ」とか言われて。それで緑帯からしかやっちゃいけないのに「フルフェイスを着けてやれ」ってことになって、「俺、育成されてるな」って思ったんですよ。
——どうやら（笑）。
サ上　「これ、マジでやらなきゃいけねえのかな？」ってなってきて、指導も黒帯の人がしてくれてたんですよ。だから当時は凄い心酔していて、横浜の道場には猛者たちもめっちゃ来るから「アツい！」と思って。だけどそれからだんだん出稽古に行ったりとかして、大学サークルの大道塾の黒帯とかにだったら案外勝っちゃったりとかしてたんですよ。俺はまだ黄色帯とかなのに「あれ？　全然弱えじゃん」みたいになって、それで気持ちがけっこう萎え始めて「横浜はめっちゃ強いのにほかだったらこんなのか」ってなって、大会に出たら意外にもいい成績を残すし。でもあれって体力別なんですよね。体重と身長を合わせたやつだから、1回すげえでけえヤツにやられて落ち込んで「やっぱ身長がデカいヤツには負けるな……」ってなって。そっから先輩たちと練習をやらせてもらって、もう1回そいつと当たったときにヒザ蹴りで失神させられて、そのあとに合コンに行ったんですけど（笑）。
——そこは端折ってしゃべってください（笑）。
サ上　それで「もうこんなの辞める！　こんなのに勝てねえ！」って。「だってセーム・シュルトとかいるでしょ」ってなって。
——その先には（笑）。
サ上　その先には（笑）。「こんなの、俺が痩せない限りは勝てねえよ」って。吉野との時間だってあるし。でもホントに寝技とかも週何回も出稽古に行きまくってて、じつはけっこうマジでやってたんですよ。
——なんで大道塾を選んだんですか？
サ上　『WARS』をやってたときの大道塾が好きだったんですよ。言い方は悪いですけど、そうやって修斗とかに対抗してるのがインディーズ感があって。市原海樹先輩がUFCに出て、

「こんなあぶねー日本人がいるんだ!」ってなったし、「俺はプロレスが好きだけど『WARS』に超出てえ」みたいな。そこですね。あの修斗のオシャレ感が嫌いだったんで(笑)。

アミバ 上野さん、アツい。

サ上 メロコアとか聴いてる修斗のヘッズたちを、ヒップホップ畑の田舎者が「殺すのは大道塾しかいねえ」って。だけどその中で殺されてたっていう(笑)。とにかく修斗って当時めちゃくちゃオシャレだったんだよ。

「RIZINに浜崎さんが出るとき、いつか入場でコラボしてほしいですよね」(アミバ)

アミバ Tシャツを買うのに前日から並んでとか、凄い人気だったんですよね。

サ上 でも俺はプロレスファンだったから、「修斗のヤツらを倒すにはバトラーツに入るか、大道塾しかねえ」って。それでホントにバトラーツの資料も取り寄せたんですよ。「牛乳飲み放題だし、やべえ」「でも越谷かあ」とか言って。

――『B-FLAT』だ(笑)。

サ上 そうそう。マジで入ろうと思ったんですけど親に止められたんですよ。「合宿所に入るのだけはやめてくれ。せめて近隣にしてくれ」って言われて「じゃあ大道塾だ」って。でも狂った先輩しかいなかったんで嫌だったっスね。

――どう狂ってたんですか？

サ上　夜中に俺らドリームハイツの出身の小学校までミットを持ってきて、「上野やるぞ！」ってグラウンドでずっとミット打ちをやらされたりとか。「俺、スケボーしてえのに……」って思って（笑）。それがハタチくらいのときですね。あと試合のときに俺がいきなり胴回しをやったことがあって、「おまえ、そんなことやめろよ！　なんにもできねえヤツが！」ってまわりからめちゃくちゃ怒られたんですけど、東先生はそういうところを認めてくれたっていうのがそれ以降のヒップホップ活動にも繋がってるなって。「あっ、こういうことやっていいんだ」みたいな。普通の人は習ったことをやるしかないけど、俺はどっかで見たことをやるみたいな。当たってねえし、そのあと顔面を蹴られたりとかしてたんですけど。

――ところで、浜崎さんってどんな音楽が好きなんですか？

サ上　あっ、全然聞いたことがない。

浜崎　いや、言っていいのかな？　ヒップホップはあまり聴かなくて。

サ上　アッハッハッハ！

アミバ　前の入場曲、誰のを使ってたか知ってます？　さっきの修斗の話にヒントがありますよ。

――あー、メロコア好きそう。

サ上　ＢＲＡＨＭＡＮとか？

アミバ　惜しい！

口吉　ＫＥＭＵＲＩ？　いや、Ｋｅｎ Ｙｏｋｏｙａｍａ？

アミバ　あー、惜しい！

サ上　あっ、Ｈｉ－ＳＴＡＮＤＡＲＤか！

アミバ　そう！

――ハイスタだ。直撃世代ですよね。

浜崎　直撃ですね。でもライブとかに行ったこととかはなくて、ただ曲が好きでっていう。入場曲は当時はあまり悩まなくて、パッと決めたのが『Ｇｌｏｒｙ』ですね。

アミバ　ＲＩＺＩＮに浜崎さんが出るとき、いつか入場でコラボしてほしいですよね。

――あっ、ライブで歌うってこと？　めっちゃいいじゃないですか。

サ上　それ、やりたい。全然どこでも行くよ。

浜崎　マジっスか？

サ上　マジで。スケジュールさえ空いてたら。でも井上さん、ミュージシャンが入場に出てくると叩かれるじゃないですか。歌ってる側が（笑）。

浜崎　えっ、そうなんですか？

サ上　プロレスのほうの話なんですけど、けっこう過去の例と

浜崎朱加とアミバ（はまさきあやかとあみば）
2人ともAACC所属の総合格闘家であり、プライベートでも仲良し。浜崎は柔道二段、元Invicta FC世界アトム級王者、元RIZIN女子スーパーアトム級王者であり、現在はRIZINを主戦場としている。アミバは『DEEP JEWELS』を主戦場としており、浜崎のマネージャー的な立ち回りもしている。リングネームの由来は『北斗の拳』の登場人物から。お互いにプロキャリア10年、サイプレス上野とロベルト吉野に入場曲を提供してもらっている。

してファンには叩かれがち。

「私の写真集なんて誰も買わないでしょう。売れ残りが凄いことになる（笑）」（浜崎）

――そして、我々はその心理もわかっているじゃないですか（笑）。「関係ないじゃん！」っていう。

サ上 そうそう。客席からブーイングしたりする側でもあるから（笑）。

――でも上野さんたちは大丈夫ですよ。盛り上がってるのが目に浮かびます。

サ上 大晦日は毎年ほかの仕事と被っちゃってるから、それ以外の日かな？ 俺は大晦日はいつも試合結果の情報とかを見ないようにしてて、家に帰ってから観るってのをいちばんの楽しみにしてるのに、やっぱ知り合いからLINEとかでピコーンって入ってくるんですよ。だけど「うわー、知りたくない、知りたくない！」ってこらえながら家に帰って観て。そんな感じで俺もホントに楽しませてもらってるし、まわりもすげえアガってくれてて、「なんでおまえの曲がかかってんの？」みたいな。

浜崎 あの曲を配信してほしいとかめっちゃ言われますよ。

サ上 ああ、やりたいよね。でもマジで入場で使ってくれてるのは、まわりのみんながすげえ喜んでくれてるんですよ。「こんなに観てるんだ」って思うくらいに。「みんなそんなに格闘技好きだったんだ？」みたいな。

アミバ ヒップホップが好きな人って格闘技好きな人が多いんだなって思いましたね。

サ上 みんな、強い人間に自分を投影するっていうかさ。たぶんプロから見たら拙いことしかやってないんだけど、みんな普通に練習とかするから。普通にミットとか持ちたがりなんで。

アミバ 吉野さんは、上野さんと一緒に格闘技の会場に来るってことはないですか？

口吉 格闘技はですね……う～ん。

――浜崎さんの試合とか観たことないですか？

口吉 YouTubeでならありますけど、正直、寝る前とかに観させてもらって、格闘技レベルの目線では観ていなかったですね。自分の個人的主観として……エロいほうで（笑）。

サ上 アハハハ！ 本人を目の前にして言うことかよ！（笑）。

口吉 もちろん、俺もやっぱ男なんで。

サ上 まあまあ、しょうがないよ、それは。申し訳ないけどね。

浜崎 でも、そういう目線で見てくれる人はいないので、ありがとうございます（笑）。

口吉 それは女性ファイターとしていい意味でセクシャルっていうことですよ。そこが俺は好きです。

サ上 これはあまり言ったことがない話なんですけど、俺は掟ポルシェさんに近いレベルで女子プロレスラーの写真集を持ってるかもしれない。ダブりとかも凄いあって、たぶんコンプリ

ートしてると思うんですよ（笑）。俺はマジでちょっとガタイがいい女のコが好きなんで。こないだも新木場1stリングで朱里選手のポートレートを買いましたから。

アミバ　写真集ってそんなに出てるんですね。

――山本美憂さんも3年前くらいに写真集を出してますからね。だから浜崎さんも出しましょうよ。

浜崎　いやいや、誰も買わないでしょう。売れ残りが凄いことになるよ（笑）。

サ上　買いますよ、吉野が！（笑）。

――ボクも買うし（笑）。

サ上　じゃあ、俺も（笑）。

浜崎　だったら、ノルマでひとり100冊ずつ買ってくださいね（笑）。

『KAMINOGE』100号到達おめでとうございます。
そして私ごとですが、この場をお借りしまして、
田村潔司のYouTubeチャンネル登録をよろしくお願いします。

田村潔司（格闘家）

100号おめでとうございます！
ROCKミュージックを聴いてもロックンロールって
何かわからなかったのに『KAMINOGE』を読んだら
ロックンロールって何かわかった気がしました。
感謝forキビ様。

ちゃんちゃら（hy4_4yh）

え？ 100冊？　一度も見たことないぞ。山本、大丈夫か？

長州力（吉田光雄）

100号おめでとうございます！
『KAMINOGE』に取材されることはとても嬉しいことです。
人と話をして楽しいこと、おもしろいことを引き出せる
井上さんがとてもうらやましく憧れるときもあります。
また取材していただけるようがんばります！

所英男（格闘家）

創刊号を手に取ってから9年間ずっとお前さんの虜です。
おもしろい雑誌は数あれど、おもしろすぎて嫉妬した雑誌は
『KAMINOGE』だけ。祝100号、カミノゲは永久に不滅です！

中溝康隆（『プロ野球死亡遊戯』）

フルチンに振る舞う中邑真輔が読めるのはカミノゲだけ！
100号おめでとうございます。イヤァオ！

中邑真輔（WWEスーパースター）

山本さん、『KAMINOGE』100号おめでとうございます。
一読者として読んできた『KAMINOGE』でそうそうたる
メンバーと並んでお祝いコメントできることが光栄です。
いつでも取材待ってます(笑)。K-1、KAMINOGE最高!

中村拓己(K-1プロデューサー)

100号おめでとうございます!
そしていつもありがとうございます!
これからも楽しみにしてます。また表紙にしてください!

那須川天心(格闘家)

100号おめでとうございます!!
私も100戦目指してがんばります!

浜崎朱加(格闘家)

消息の知れないレスラーや、コミュニケーションに難のある
マット関係者とコンタクトが取りたいときは、
とりあえず井上さんに電話することにしています。
なので、僕の番組は0,1%くらい『KAMINOGE』の力でできています。
おめでとうございます。
今後ともよろしくお願いいたします。

藤井健太郎(TBSテレビ『水曜日のダウンタウン』演出)

なんと中途半端な!
区切るのなら1000でしょうが!!

前田日明(RINGS代表)

本気のファンです。
日本一、編集GROOVEを感じる雑誌です。
井上さんウチで一緒に働いてほしいよー。
でもずっと『KAMINOGE』読んでいたいよー。
そんなアンビバレントな気持ちを抱えつつ、
100号おめでとうございます。

松丸淳生(『週刊プレイボーイ』編集長)

電流爆破30周年！　目からウロコのデスマッチ哲学が大爆発じゃ!!

大仁田厚

［デスマッチの教祖］

「有刺鉄線は怖がっちゃいけない。被爆したあとも前に倒れるんじゃなくてそのまま礫にならなきゃ。やっぱり有刺鉄線をやるときはタンクトップがいい。それで視覚に訴えるんだよな」

収録日：2020年3月11日
撮影：橋詰大地
試合写真：©DDTプロレスリング
聞き手：堀江ガンツ

W

「観客が少ないと痛いんだよ。
マットで受け身を取る音が自分でもやたら聞こえるし、
ボディスラムで背骨が軋む」

――大仁田さん、今日はこのあと行われるＤＤＴ主催の路上電流爆破デスマッチ（3・11さいたまスーパーアリーナけやき広場）のために佐賀から飛んできたわけですよね。

大仁田　いや、最初は断ろうかと思ってたんだよ。なんでこんなときにわざわざ佐賀から出てきて、ノーピープルでやらなきゃいけないんだよって（笑）。

――ＤＤＴも自ら〝不要不急の電流爆破〟って謳ってましたからね（笑）。

大仁田　だけどこういう時期だから逆にやっておいたほうがいいかなっと思って。おもしろいじゃん。

――大仁田さんは今回は呼ばれて来る側ですけど、フルタイムでプロレスをやっている頃だったら、絶対に何かイベントをやったりして仕掛けていたんじゃないですか？

大仁田　そうだろうな。

――大仁田さんや猪木さんだったら、絶対にそうだろうなと。実際、こないだ猪木さんにインタビューしたとき、「俺が政治家だったら真っ先にダイヤモンド・プリンセス号に乗り込んでた」って言ってましたから。

大仁田　今回の新型コロナウイルスに関しては、日本もなんか後手後手に回ったよね。習近平が4月に来日するっていう予定がなければさ、もっと早めに動けたんだろうけど。習近平が来るっていうのに、中国からの入国禁止にできないもんな。その点、台湾はいろんな対応が早くて凄いよね。

――なんかめちゃくちゃ進んでるなって感じはしますね。

大仁田　でも、これはしばらく続くのかね？

――いまになってアメリカやヨーロッパが騒ぎ出したんで、さらに世界的な問題になっていくんじゃないですかね。

大仁田　そうしたらプロレス界もみんな大変じゃん。

――いや、ホントですよ。いま、いろんな団体が興行中止とか無観客試合とかやっていますけど、興行会社としては死活問題でしょうからね。もう、地方自治体が体育館を貸してくれるかぎりはやるしかないんじゃないですか。

大仁田　でも、いまいろんなスポーツとかイベントが中止になって、プロレスも中止が続いてるけど、ありがたいことに無観客とはいえ、俺は今日も電流爆破ができるんだ。

――今日も凄く天気がよくて、路上プロレス日和ですしね（笑）。

大仁田　いやー、興行会社や団体もだけど、レスラーも大変だよな。

――たしかにひとつの団体でプロレス一本だと相当大変ですよね。

大仁田　大変だと思うよ。だけどプロレス一本の人も多いでしょ。

――プロレス界も各団体が大打撃を受けてますからね。

大仁田　ホントだよ。「プロレスをノーピープルでやってどうするんだ」って話だからな。

――でも大仁田さんも昔、ノーピープルマッチやってますよね。

大仁田　タイガー・ジェット・シンと関ヶ原でやったりしたけど、ああいう意図的なノーピープルと今回は違うからな。こっちはわざわざ関ヶ原まで行ってやってるんだから。人がいないところまで（笑）。だけど普通の会場でノーピープルでやるっていうのは、選手からすれば凄くさみしいよね。リアクションが返ってこない試合って非常にツライし。

――先日、ノーピープルで試合をしたスターダムの女子選手は、「ノーピープルだと身体が痛い」って言ってましたね。やはりお客さんの歓声があると、アドレナリンが出て痛みをそれほど感じなかったりするのかなと。

大仁田　ああ、そうだよね。プロレスの試合っていうのはリズムの世界だから。結局、お客さんが乗ってくると選手も乗ってきちゃうからね。なんでもそうなんだけど。

――観客の歓声や盛り上がりによって、自ずと試合展開も変わってきたり。

大仁田　変わってくるよね。みんな自分がかわいいから普通は無茶しないんだけど、お客さんの声があると無茶しちゃうし、力を引き出してもらえちゃうかな。お客さんなしでは出し切れるものが限られてきますよね。だから今回、いろんなところでノーピープルをやってるけど、プロレスにかぎらず、野球とか相撲とかね。そういうところで力を発揮できるっていうのは素晴らしいと思うよ。歓声というエネルギー源なしでやっているわけだから。

――以前、ドリー（・ファンク・ジュニア）さんが言ってたんですよ。「アメリカのプロレス界には〝観客が多ければ多いほどマットがやわらかくなる〟という格言がある」って。

大仁田　ああ、それはよくわかる！　さっきの話もそうだけど、観客が少ないと痛いんだよ。マットで受け身を取る音が自分でもやたら聞こえるし。たしかにボディスラムひとつにしたって背骨が軋むんだよね。

――それが大観衆の前では痛みを感じなくなってくる。

大仁田　感じないね。だからデスマッチだってできるんだよ。

「テレビの特効さんに相談したら『小型カプセルの爆弾があるから、それを爆発させたらいいんじゃないか』って話になった」

――大仁田さんが最初にノーピープルマッチをやったのは、ターザン後藤さんとやったとき（1990年6月24日・夢の島総合体育館剣道場）ですよね。

大仁田　そう。夢の島でやったんだよ。

――あれはどういった発想からノーピープルマッチでやろうと思ったんですか？

大仁田　〝身内のケンカ〟っていうのはあのときが初めてだったからさ。「身内のケンカは見せたくない」ってことでノーピープルでやったんだけど。まあ、正直に言えば、後藤との一騎打ちを盛り上げるためのひとつの仕掛けだよな。

――あのあと、汐留で後藤さんと初の電流爆破デスマッチをやったんですよね。その〝煽り〟だったと（笑）。

大仁田　だってそうだろう。FMWで後藤っていう身内と敵味方に分かれて闘うのは初めてなんだから。それを客を入れて前哨戦をやってしまったら、リアルタイムで客がそれを観ちゃうわけでしょ。それよりもノーピープルで観たくても観られない状況を作って、それを東スポや週プロ、ゴングなんかで報じてもらったほうが逆に想像を掻き立てるから。

――観られなくすることで余計に観たくなるだろうという、逆転の発想ですね。

大仁田　「今度どうなっていくのかな？」って余計に興味がわくじゃないですか。ノーピープルでやったことなんかないんだから。

――地方で前哨戦のタッグマッチを何試合かやってしまったら、FMWの身内同士による禁断の初対決という感じが薄れてしまいますもんね。

大仁田　だったら逆にノーピープルで、ファンが観たくても観られないっていう状況を作ったほうがいいかなっていうね。だ

から今回の無観客とはケースが違うけど。

——でも、どちらにしろファンの「観たい」という欲求は高まりますよね。

大仁田　あのときのFMWにおいて、ビッグショーで闘う相手はやっぱりターザン後藤しかいなかったから。それをいかにして盛り上げることができるのかっていう勝負だったからね。

——「ノーロープ有刺鉄線電流爆破デスマッチ」という試合形式も、FMW最初のビッグマッチでどれだけ注目を集められるかっていうことで考えられたものですもんね。

大仁田　その時々でいろんなアイデアがポッと浮かんでたんだけど、あれはタイミングがよかったね。誰もああいう試合形式っていうのはやってなかったから、あれだけ注目を集めたんだろうし。なんでもタイミングじゃないかな。それがいまだに需要があるわけだしね。

——電流爆破ってプロレス界きっての〝ロングセラー商品〟ですよね。1990年8月に初めて行われて、30年経ったいまでもこうして興行の目玉になるわけですから。

大仁田　ホントだよ。でも俺が「電流爆破」の商標登録を取ったことに対してZERO1（超花火プロレス）が文句を言ってたくせして、「プラズマ」とか言って電流爆破を続けてるんだよな。

——名称を「電流爆破」から「プラズマ爆破」に変えたんですよね（笑）。

大仁田　あっさり変えたよね。プラズマとかわけわかんないよ。だったら変えなきゃいいじゃないかって話で。

――大仁田さんの商標登録を事実上認めた形ですよね。「今後、電流爆破マッチは行わない」と言いながら、名前だけ「プラズマ爆破」に変えて続けるという（笑）。

大仁田　わけがわかんないよ。それで「電流爆破バットは俺たちが作ったんだ」とか言ってさ。「そんなの俺がいなかったら作れるわけねえだろ、バカ野郎」って。……そう言いたいところだけど、言わないよ。

――誰がどう考えても、電流爆破の本家本元は大仁田さんですもんね。

大仁田　俺が最初に始めて、俺がずっと使い続けてきたのに、なんで文句言われなきゃいけないんだってね。

――もともと１９９０年８月の汐留では、ファイヤーデスマッチをやろうと考えていたんですよね？

大仁田　いや、野外でどんなデスマッチができるかっていうのを、ずっと会社の人間に調べさせてたんですよ。だけど火を使うっていうのは、東京都や区の許可がなかなか下りないってことでね。それでテレビの特効さんに相談したら「小型カプセルの爆弾があるから、それを爆発させたらいいんじゃないか」って話になってね。

――テレビの特殊効果をヒントに、そこからデスマッチという形に応用したわけですね。

大仁田　だってネーミングはその場でつけたんだもん。リングのロープを外して、有刺鉄線を巻くっていうデスマッチはもうやっていたからさ。そこに電流を流して爆弾をつけて爆発させるってことで「ノーロープ有刺鉄線電流爆破デスマッチ」って名づけてね。

——ネーミングも含めて、プロレスの試合形式についての偉大なる発明ですよね。また、有刺鉄線に当たる当たらないっていう緊張感があるのがよくて。

大仁田　あれがいいんだよな。ギリギリで止まったり、スライディングしたりしてさ（笑）。

「プロレスの試合形式っていうのは時代に乗るときと乗らないときがある。あの頃はみんなＵＷＦに飽きてきた頃だったんじゃないか」

——また、大仁田さんと後藤さんっていうカードだったのもよかったと思うんですよ。２人とも全日本プロレス出身で、しっかりとしたプロレスを見せた上でやるから、電流爆破というギミックが生きてきて。

大仁田　なかなかそういう評価はされないんだけどな。「レスリングができない」ってさんざん言われて。俺は余計なことをしないだけなんだよ（笑）。

——初期のＦＭＷって、昔のテキサスやテネシーで行われてい

たアメリカンプロレス的というか、殴る蹴るが中心でシンプルなんですけど、おもしろいんですよ。そして有刺鉄線にぶつかって被爆したあと、大仁田さんはあの有刺鉄線に磔になるのもいいんですよね。

大仁田　そうそう、よく見てるな（笑）。あれは怖がっちゃいけないんだよ。有刺鉄線にちゃんと身体を預けてね。あと、みなさん爆破したあと、すぐ前に倒れるじゃん。それじゃお客に伝わらないんだよな。あれは爆破したあとも、そのまま有刺鉄線に磔になるのがいいんだよ。

――そうなんですよね。爆破するだけじゃなくて、背中に有刺鉄線が食い込んで動けなくなって。煙が立ちのぼるなか、苦しげな表情で磔になって耐えているのがいいという（笑）。

大仁田　最近は電流爆破でも、4面すべて有刺鉄線というのはあまりないから、また誰かと4面でやるのもおもしろいね。

――大仁田さんは特効さんからカプセル爆弾を教えられたとき、やっぱり「これだ！」って思いました？

大仁田　そういう爆弾があるって聞いたあと、NHKの駐車場で爆破の実験をやったんだよ。そのときに「これは素晴らしい！」って思ったね。だって目の前でバーンって大きな音が鳴って爆発して、火花が散るわけだからさ。

――あれがファイヤーデスマッチだったら視覚的要素だけでしたけど、電流爆破の場合は「音」という要素もあるわけですもんね。

大仁田　音って人間の五感を揺さぶるから。

――いま、映画で「4D」って流行ってますけど、電流爆破デスマッチは4D時代を先取りしてましたよね。視覚的要素だけじゃなく、爆破の音があって、火薬の匂いがあって、地雷爆破とかだと熱風まで伝わってくるという。まさに体感型プロレスですよ（笑）。

大仁田　だからおもしろいと思うよ。プロレスを観るだけじゃないわけだから。ライブ感があるしさ。

――あと、汐留のときは台風が来ていて、野外ではなく屋根があるところにリングを移動して設置したじゃないですか。あれもラッキーでしたよね。ちょっと閉鎖された空間だったことで、より爆破の音も大きく感じられて。

大仁田　だから電流爆破っていうのは、最初はずっと野外のビッグマッチでやってたんだけど、本当は屋内でやるのもいいんだよね。それで長州力とやるときは、横浜アリーナで電流爆破をやったんだけど、長州は一度も被爆しなかったからな。

――大仁田さんだけ一方的に5回くらい被爆してましたもんね

大仁田厚（おおにた・あつし）
1957年10月25日生まれ、長崎県長崎市出身。プロレスラー。1973年、ジャイアント馬場に憧れて全日本プロレスに「新弟子第1号」として入門。1974年4月14日、佐藤昭雄戦でデビュー。NWAインターナショナル・ジュニアヘビー級王者として活躍し、全日本ジュニアのエースに君臨するが1985年1月に左ひざの負傷が原因で引退。1988年12月に現役に復帰すると、翌年にFMWを旗揚げしてノーロープ有刺鉄線電流爆破デスマッチなどで大ブレイクを果たす。1995年5月5日、ハヤブサを相手に2度目の引退。その後はタレント、俳優業に専念していたが、1996年12月に二度目の現役復帰。1999年1月4日からは新日本プロレスに参戦して佐々木健介、蝶野正洋、グレート・ムタ、長州力らと対戦。その後も引退と復帰を繰り返し、現在も試合に出場し続けている。

（笑）。

大仁田　長州力ってやっぱり痛いのとか汚れるのが嫌いなんだよ。『相席食堂』っていう番組に長州が出たときの回をこないだAmazonプライムで観たんだけどさ。

――千鳥のバラエティ番組ですよね。長州さんから「食ってみな、飛ぶぞ」という名言が飛び出した（笑）。

大仁田　あのとき、長州は北海道の牧場に行ってさ、牛の乳を搾ってくださいよ」って言われたのに結局やらないんだよ。基本的にチキンなんだよな。

――バラエティでもバンプを取らない（笑）。そもそもの話なんですけど、FMWでデスマッチをやろうと思ったきっかけはなんだったんですか？　あの頃はデスマッチをやっている団体はどこにもなかったじゃないですか。デスマッチを売りにしていた国際プロレスが潰れてから8年経った頃で。FMW自体、旗揚げ当時は異種格闘技戦を売りにしていましたよね。

大仁田　まあ、FMWができるきっかけが青柳（政司）館長との異種格闘技戦だったわけだけど。ただ、ボク自身が格闘家じゃないし、プロレスラーだから。やっぱり格闘技ってある選手とある選手でそんな毎日できるわけではないじゃないですか。でもプロレスっていうのは毎日できるし、毎日やらなきゃいけないものだから。格闘技路線を続けるっていうのは、ちょっと難しいとも感じていたわけだよ。

――団体名も「フロンティア・マーシャルアーツ・レスリング」でしたけど、1989年12月の後楽園で大仁田厚&ターザン後藤vs松永光弘&ジェリー・ブレネマンを、プロレスvs空手の異種格闘技戦ながら有刺鉄線デスマッチとしてやったのが、デスマッチ路線に舵を切るきっかけですかね。

大仁田　あれはバリケードじゃなかったっけ？

――いや、普通のノーロープ有刺鉄線デスマッチですね。そのときが日本初の有刺鉄線デスマッチで。

大仁田　あっ、そうか。栗栖（正伸）さんのときがバリケード（リング下に有刺鉄線ボードを敷き詰めた有刺鉄線バリケードデスマッチ）か。まあ、デスマッチも含めたプロレスの試合形式っていうのは、時代に乗るときと乗らないときっていうのがあるんだろうな。その前はUWFが流行っていたけど、みんなUWFに飽きてきた頃だったんじゃないかとも思うし。

――UWFとは真反対のデスマッチにニーズがあるんじゃないかと考えたわけですか。

大仁田　そうだったと思いますよ。

――有刺鉄線マッチって、大仁田さんはそれ以前にも海外ではやったことがあったんですか？

大仁田　テネシーでやってますね。ノーロープじゃないですけど有刺鉄線を使った試合があったんで。

――あっ、そうだったんですね。

大仁田　それからヒントを得てやってみたんだけど。だって誰もやらないことをやったほうがいいわけじゃないですか。

――日本のインディーの先がけとして、お金もなく大物選手もいないなか、アイデア勝負だったわけですもんね。もう「身体を張ってやるしかない」っていう感じだったんですか？

大仁田　まあ、カネもなかったからね。毎回毎回が勝負だったから。

「俺はライブを大切にしているからその都度考えるんだよ。『リングが来ないなら、リングなしでやるしかねえじゃねえか』って」

――それこそ後楽園とかは1大会でも失敗したら潰れかねないという。

大仁田　そうそう。いまの大日本プロレスみたいなもんだよ（笑）。

――大日本みたいなもん（笑）。

大仁田　あそこもコロナで大会自粛してたら、それで終わりかねないからな（笑）。さっきも（グレート）小鹿さんから電話がかかってきたよ。「今度、九州でやるときは出てくれよ。アンサーしてね～」って。

――大仁田さんがガラスデスマッチとか蛍光灯デスマッチとかやるんですか？

大仁田　何するかわかんないけど、俺、そういうのはあんまり好きじゃないんだよ。

――大仁田さんと大日本だと、同じデスマッチでもちょっと方向性が違いますもんね。

大仁田　だけど大日本はよくやってると思うよ。みんなの背中とか見たら凄いよね。あんなのに抱かれたくないよ（笑）。

――元祖・リアル生傷男の大仁田さんから見ても、凄い傷跡ですか（笑）。

大仁田　蛍光灯とかガラスなんか、1回受け身を取ったら背中一面が血だらけになるからな。でも、いまデスマッチをやってるヤツらは俺のプロレスを観て始めたんじゃないの？

――まあ、そうでしょうね。あと大仁田さんはあのタンクトップのコスチュームがよかったんですよね。有刺鉄線であのタンクトップがズタズタに切れるという（笑）。あれもすべて計算だったんじゃないですか？

大仁田　それはそうでしょう。白だと血がついたときに目立って見た目がいいとか、悲壮感が出るんじゃないかとかね。

――ちゃんと全部理由があるんですね。

大仁田　やっぱり有刺鉄線をやるときはタンクトップがいいよ。

――さっきの被爆したときの磔の話もそうですけど、タンクトップが有刺鉄線に引っかかって取れなかったりするのが、またナマナマしくて。

大仁田　そうそう。視覚に訴えるんだよな。ストリートファイトマッチでTシャツを着て試合するようになったのも、俺が最初じゃないかな？　だからストリートファイトの応用が路上プ

ロレスだから。それを外に持ってきただけだからね。だってそれまでジーパン履いてる選手っていなかったわけでしょ。それがいまじゃジーパン履いてる選手がたくさんいるわけで、それって俺の真似してるわけじゃんか。

――昔のプロレス雑誌を見ると、ダスティ・ローデスとかがジーンズにウエスタンブーツ姿で、デスマッチの流血戦をやってる写真とかが載ってましたけどね。

大仁田 あれもストリートファイトマッチだよ。まあ、俺もそのへんを応用したわけで。プロレスってなんでも応用だからさ。

――あと、初期のFMWではノーリングマッチもあったじゃないですか。

大仁田 ああ、あのときは台風でリングを積んだトラックが来れなくてね。仕方がないから客に土下座して「すみません！」って謝ってから、体育館内にあった体操とかで使うマットを敷いて、そこで試合したんだもんね。

――あのとき、ノーリングマッチを決行するかわりに、東スポに一面を確約させたっていう話はホントなんですか？

大仁田 そんな確約とか言ったら、俺がわざとリングの到着を遅らせたみたいになるから、そういうわけじゃないけど。

――まことしやかにささやかれてる噂では、ホントは19時半とか20時に着くぐらいだったけど、東スポが「リングなしでやれば一面です」って確約したことで「じゃあ、マットでやろう！」ってゴーサインが出たっていう話が（笑）。

大仁田　まあ、それは適当に書いてください。いいよべつに。もう時効だよ（笑）。

――まあ、そうですね（笑）。19時半に届いたところで、そこからリング設営を始めたら何時になるかわからないし。逆に伝説の興行になって、あれを現場で観られたファンはある意味で貴重だと思いますよ。

大仁田　奈良の橿原市でやったんだよな。まあ、全国を巡業していたらいろいろとアクシデントはあるよ。そういうとき、俺はライブを大切にしているから、その都度考えるんだよ。「リングが来ないなら、リングなしでやるしかねえじゃねえか」ってね。あの頃はさ、いまのインディー界の状況と一緒で、中止にしてチケット代を払い戻す体力なんかないんだから。

――ある意味、いまのプロレス各団体の大変さもよくわかっているわけですね。

大仁田　鳥栖でやった『炎のバトル』（1991年8月17日・JR鳥栖駅前特設会場）のときは、1億6000万も負債を背負うことになったからな。

――ブルーハーツや筋肉少女帯も出た、FMWとロックの合同フェスですよね。そんな大赤字だったんですか。

大仁田　お客は入ったんだよ。プロモーターは別にいたんだけど、制作会社から「保証人になってくれ」って言われてサインしたらプロモーターが売り上げを持ち逃げしてね。そんなことになってね。

――そこまでの大ピンチだったんですね。

大仁田　ただ、当時は日本の景気もまだよかったし、それぐらい借金もできたんだよ。あのあと、川崎球場大会は満員で大成功して、何千万という利益が出たし、ビデオやグッズも売れたから、返していけるアテもあったし。だけど、いまはなかなかそうもいかないだろうからな。各団体、相当苦しいだろうけどがんばってほしいよ。俺なんか、いまはプロレスが趣味みたいなもんだから気楽で申し訳ないけど（笑）。

――趣味が電流爆破という（笑）。

大仁田　だから今日もDDTに呼ばれたから、不要不急の電流爆破を楽しんでくるよ（笑）。

プロレスとまったく関係なくはない話

第58回 有事、それは今

兵庫慎司

僕は、主に日本のロック・バンド界隈で仕事をしている、フリーの音楽ライターである。で、レポとか密着等の、ライブ関係の仕事が特に多いタイプである。音楽ライターなんてみんなそうだろ、と言われそうだが、人によってはそうでもない。ライブ、月に1本くらいしか行きません、バンドの宣伝資料に推薦文を書いてるけどそのバンドを観には行きません、みたいな人もいるのです。という中で、僕は、1年間の平均値を出すと１８０本前後、なので1カ月に直すと15本、ライブに行っている。2日に1回のペースですね。

それが2月27日から全部なくなった。

そうです。その前日の2月26日に、政府がコンサート等の自粛要請を出したためです。その日に開催予定で、会場でリハまでおこなっていたＰｅｒｆｕｍｅの東京ドーム2デイズの2日目は、急遽中止になった。僕が行くことにしていた、ｔｈｅ ｓｈｅｓ ｇｏｎｅという人気の新人バンドのライブ@渋谷ＷＷＷ Ｘはそのまま開催され、観ることができた。が、このライブ、全8本のツアーの3本目だったんだけど、4本目以降はすべて延期になった。

自分が行く月平均15本のライブの全部が、金銭が発生する仕事に直結しているわけではない。レポを書いたりして、仕事＝おカネが発生するのは、そのうち3分の1から4分の1程度だが、じゃあインタビュー仕事のほうには影響がないかというと、そんなことはない。ＣＤが売れないこのご時世、ツアーにまつわるインタビューや、イベントを宣伝するためのインタビューという仕事もけっこうあって、それも軒並みキャンセルになるわけです。というか、なりました。見事に。

要は「興行」の中の人はもちろん、「興行」の周辺で仕事をしている人もみんな大打撃、という話だ。なので、本誌山本編集長も大打撃であろうとお察しします。あと、前々号で「ツイッタラー長州力」の表紙巻頭ロングインタビューまでやったんだから、もう「山本編集長」に改名すればいいとも思います。「長州に名前を『山本』と間違えて覚えられたままの井上編集長」という説明がめんどくさいので、こっちも。

などと、人の心配をしている場合ではない。干上がる、このままいくと。数カ月なら貯金を食いつぶす程度ですむが、半年を超えると赤信号だし、1年になったらもうおしまいだ。

フリーになって5年、コンビニのレジの店員が自分と同年代だったりするたびに「よかった、本当に困ったら俺も雇ってもらえそう」と思い続けてきたが、いよいよその時か。30年ぶりにローソンの夜勤に戻る日、それが今、なのかもしれない。

と、ここまで考えて、気がついた。

無理！

なんで。僕がローソンでバイトしていた30年前とは、コンビニの業務の煩雑化、著しいことこの上なし、だからだ。

まず30年前、コンビニでアルコール類を扱えるのは、元は酒屋で酒販免許を持ったまま転業した店舗に限られていた。なので、僕がいた店も酒は置いていなかった。チケットぴあはセブンイレブンと提携していなかったし、ローソンチケットもイープラスもまだこの世に生まれていなかった。電気・ガス・水道料金の支払いもできなかったし、ATMもなかったし、デビッドカードって何それ？ という時代だった。

そうだ、今ってコンビニ、切手やハガキや収入印紙も売ってるし、手紙やゆうパックを送ったりもできますよね。つまり、酒屋でもあり、チケットのプレイガイドでもあり、銀行でもあり、郵便局でもあるわけですよね、今のコンビニエンスストアというのは。

どうでしょう。30年前、たまにコピー機に紙が詰まったり、もっとたまに宅配便の発送を頼まれたりしたくらいでアタフタしていた自分に務まるでしょうか、そんな煩雑な業務が。無理。としか思えない。そう考えると、コンビニで働いている外国人のアルバイトのみなさんって本当に凄い、と思う。あと、俺が働いていた頃のコンビニって、なんてのどかで牧歌的な場所だったんだろう、とも思う。

そして。他人事ではありませんよ？ と、山本編集長にも言いたい。いざとなったら吉野家のアルバイトに戻ればいい、と思ったところで、あなたがバイトしてた頃の吉野家のメニューって、牛丼と牛皿、ごはん、お新香とサラダに味噌汁くらいしかなかったでしょ。今のメニューをご覧なさいな、吉野家の公式サイトで。牛の鍋焼き、から揚げ、ミックスフライ、牛カルビ丼、定食、鰻重、カレー、ライザップ牛サラダエビアボガド……気が遠くなるでしょう、いっぱいありすぎて。

ましてや今は、ウーバーイーツもばんばか来る時代だ。ちょうど昨日吉野家に行ったばかりだけど、僕が店に入ってから出るまでのわずか10分の間に、ウーバーイーツの人、4人来てたぞ。大変だなあと思ったぞ。それをさばくアルバイトも、日本語片言の外国人だったぞ。

以上、ここ2週間ほど、このことに関してしか考えられなくなっているので、そのまま書きました。一刻も早い収束を心から願っています。願っているだけではしょうがない、ということも、わかっていますが。

兵庫慎司（ひょうご・しんじ）1968年生まれ、広島出身、東京在住。音楽などのライター。週刊誌や月刊誌や音楽雑誌等のほか、DI:GA ONLINE、SPICE、CINRA-NET等の音楽ウェブメディアでも仕事していますが、世の中がこのような按配なので、特に後者はすっかり干上がりつつある状況です。2019年11月21日に発売になった著書「ユニコーン『服部』ザ・インサイド・ストーリー」(リットーミュージック)、一時は各通販サイトで品切れていましたが、現在は買えます。ぜひ。

100A
KAMINOGE

［100枚限定発売］

KAMINOGE×100A Heavyweight tee-shirt

カラー：ホワイト・ブラック
サイズ：S・M・L・XL
価格：5,000円（税別）

やったぜ！
“ONEHUNDRED ATHLETIC”が
『KAMINOGE』
100号記念Tシャツを
作ってくれました。
まさにONE HUNDRED!!

［Sサイズ］
着丈66cm 身幅49cm 肩幅44cm 袖丈19cm
［Mサイズ］
着丈70cm 身幅52cm 肩幅47cm 袖丈20cm
［Lサイズ］
着丈74cm 身幅55cm 肩幅50cm 袖丈22cm
［XLサイズ］
着丈78cm 身幅58cm 肩幅53cm 袖丈24cm

『KAMINOGE』の編集をやっているペールワンズのONLINE STOREにてお求めください。
https://thepehlwans.stores.jp
こちらの商品は4月上旬より順次発送いたします。

かみのげ

第24回『LONG BOARD』

またか!? なぁにがやりたいんだコラッ!!!!
いや、でもまあシンスケ。おまえ、がんばってるよな。
まさかニューヨークのマジソンでここまで活躍するとは
思ってもみなかったよね、ウン。今度、正男と一緒に
フロリダに行くからメシおごってくれ。ギャオ!!

ぬったイラストを写真に撮って、ツイッターやインスタグラムなどに投稿してみよう。
そのときはかならず「#中邑画伯」を忘れずに。そうしたら、みんなの作品を中邑画伯や
編集部員たちが見つけてニンマリすることができるから！

『KAMINOGE』100号、おめでとうございます！
自分の印象では『KAMINOGE』さんにはあまり
取材していただいてないような気がしますが…。
え？　44号以降載ってない？　ちょっとちょっと！（笑）。
ファンの皆さんはもちろん、
もっともっと多くの方に楽しんでいただける
プロレスリング・ノアにしていきますので、
200号までにはもっとたくさん取材に来てくださいませ♪

丸藤正道（プロレスリング・ノア）

『KAMINOGE』100号、おめでとうございます。
聞き手が井上さんの、選手インタビューが大好きです。
おかげで長州力さんのおもしろさや、那須川天心選手や
朝倉兄弟のこともよく知ることができました。
これからも期待しかありません。

宮田充（元K-1プロデューサー）

100号到達おめでとうございます。
継続は力なり。
長く続いているのは素晴らしいことだと思います。
WRESTLE-1は活動休止いたしますが、
これからもよろしくお願いします！

武藤敬司（プロレスラー）

記念すべき100号なのに俺が表紙じゃないの!?
山本、大丈夫か!?w
何はともあれおめでとうございますっ！

矢地祐介（格闘家）

『2011年の棚橋弘至と中邑真輔』でも『2000年の桜庭和志』でも、
私が本を書くときにはいつもお世話になってます。
柔術衣は中邑真輔のBROTHERイラストつきのバッグに入れてます。
祝カミノゲ100号！

柳澤健（作家）

まさに全身全霊の100冊。
『KAMINOGE』の後ろに道は出来る！

山口淳（『Tarzan』編集長）

カミノゲ様 100号記念、おめでとうございます。
日本の格闘技界を熱くしてくれたのはカミノゲさんがサポートしてくれたからだと思います。僕の孫の世代にも読ませたいです。
僕も表紙になれるようにがんばります。

山本アーセン（格闘家）

100号おめでとうございます!!!
毎回取材を受けると、腰が低く、丁寧に、
とんでもないリクエストをしてくるカミノゲさんが好きです。
これからもお互いがんばりましょう‼

山本美憂（格闘家）

山本！ いつになったら
『YOSHITATSU BY YOSHITATSU』エピソード2が
スタートするんだ！ あ、100号おめでとうございます。

ヨシタツ（全日本プロレス）

お祝いコメントを考えようと記念すべき1号目をめくると、
2011年12月24日のレシートがこぼれてきた。
聖夜に水道橋で創刊号を買ってた
自分のエリートっぷりに惚れ惚れします。
『KAMINOGE』祝100号、カミノゲ読んでる時間が本当に幸せです。
これからも1号でも多く楽しませてください。
その1冊が道となり、その1冊が道となる、ですね。
おめでとうございますッ！

渡辺友郎（TACOMA FUJI RECORDS）

TARZAN BY TARZAN

ターザン・バイ・ターザン

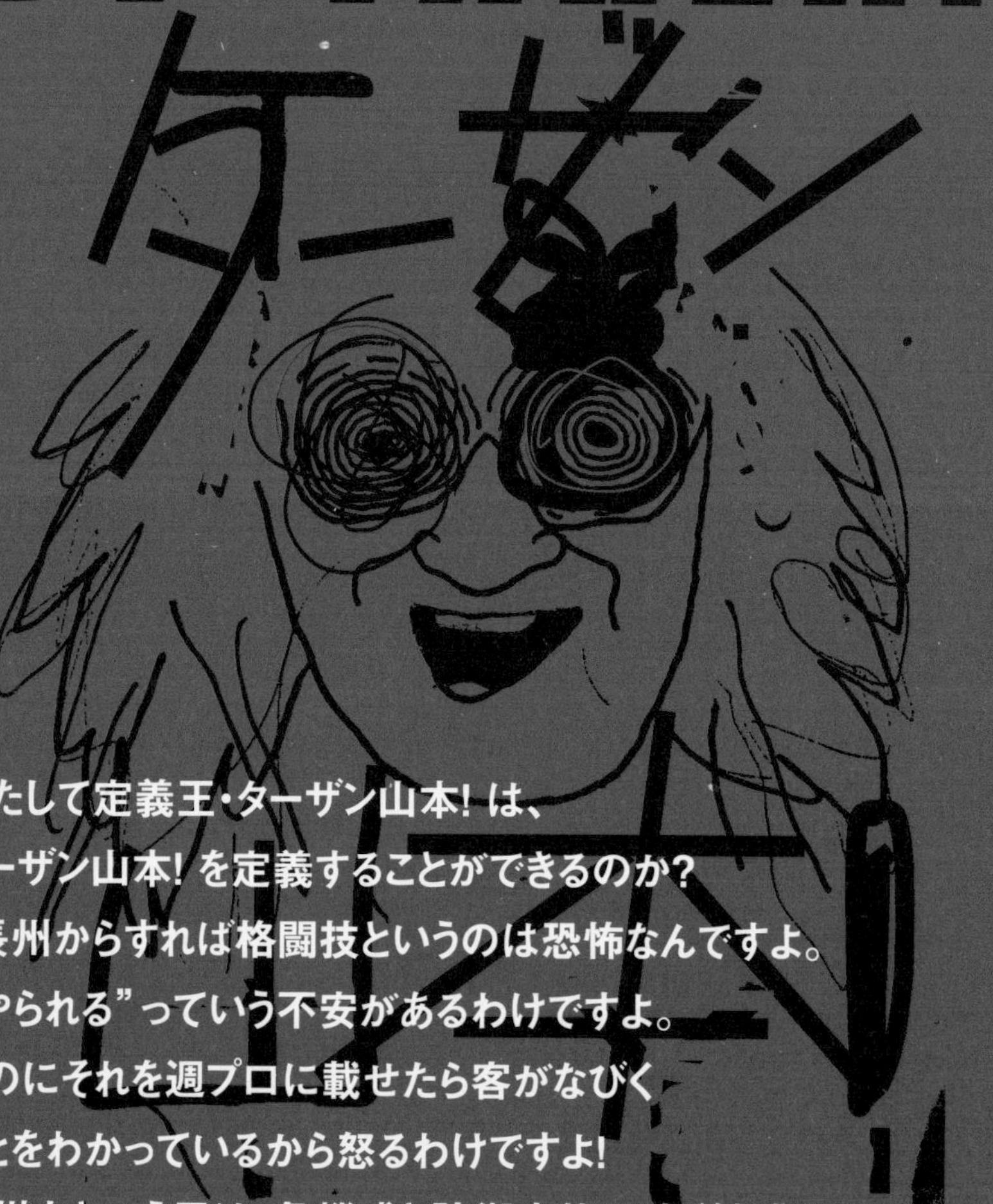

はたして定義王・ターザン山本! は、
ターザン山本! を定義することができるのか?
「長州からすれば格闘技というのは恐怖なんですよ。
“やられる”っていう不安があるわけですよ。
なのにそれを週プロに載せたら客がなびく
ことをわかっているから怒るわけですよ!
長州力という男は、危機感と防衛本能に凄く敏感なんだよね!」

絵 五木田智央　聞き手 井上崇宏

第九章　長州力からの呼び出し

「長州も最後は身を乗り出してきて、顔を俺の鼻先10センチまで近づけてきましたよぉ」

――長州力から2回呼び出しを食らったと。

山本　そんなさ、人を呼び出すこと自体がおかしいでしょ？　要するに「新日本の事務所に来てくれ」って言うわけですよ。こっちは「なんだろうかな？」と思ってさ。

――「なんだろうかな？」っていうのもおかしいですけどね（笑）。思い当たる節はありすぎるでしょ？

山本　ないですよぉ！

――じゃあ、そこは山本さんも素で「えっ、なんのこと？」っていう（笑）。

山本　素ですよ。それで行ったらさ、結局は「なんでプロレスの雑誌にK―1を載せてるんだ！」みたいなことを言われるわけですよ。

――それは長州さん本人から言われるんですか？

山本　もちろんですよ！

――あとは永島（勝司）さんとか？

山本　いや、長州ひとり。

――あっ、1対1なんですか。

山本　1対1のもう対面で対決ですよ。「どういうことなんだ！」って。こっちとしては「そんなの、俺の編集方針なんだからいいじゃないか」っていう気持ちがあるんだけど、長州からすれば格闘技というのは恐怖なんですよ。「やられる」っていう不安があるわけですよ。なのにそれを載せたら客がなびくだろうっていうのをわかっているから怒るわけですよ。長州力という男は、危機感と防衛本能に凄く敏感なんだよね。

――でも、その感性はさすがですよね。

山本　凄く感性がいいですよ！

――それで、そう言われたときに山本さんはなんて答えるんですか？

山本　（急に小声になり）あのね、答えちゃいけないんよ。ただひたすら沈黙してるんよ。それでこうやって頭を軽く上下に振ってね。

――イエスともノーともつかぬ不審な動きを（笑）。

山本　「話はちゃんと聞いていますよ」っていうね（笑）。だって、そこでもし一言でも反論したり、言い訳したり、自分の考えを述べたりしたら相手は着火するわけですよ！　100パーセント！　着火しちゃったら声の大きさも3倍になって返ってくるからさ、俺はずっと下を向いてうなずいているふりをしながら聞いてるわけですよ。で、その態度に長州はまたイライラしているわけですよ！（笑）。

――まあ、格闘技以上に恐怖ですよね（笑）。

山本　それで「おまえ、ホントにわかってんのか！」っていう言い方になってくるんだよね。最後はもう身を乗り出してきて、顔を俺の鼻先10センチまで近づけてきてね。バーッと来ましたよぉ。

――怖いですね。

山本　そうしたら気配を察したのかさ、倍賞（鉄夫）さんが部屋に飛び込んできて止めに入りましたよぉぉ！（笑）。

――そうなんだ。そして平成7年か8年ですね、ボクがバイトで週プロ編集部にいさせていただいたときにたしか2回目の呼び出しがあったと思うんですよ。そのときは新日本番だった佐藤（正行）さんが同行されましたよね。

山本　よく憶えてるねえ。そうだったかな？

――それで2人で帰ってきて、山本さんがめちゃくちゃ佐藤さんを責め始めたんですよ。「佐藤！　なんでも『はいはい』言うな！」って（笑）。これは憶えてないですか？

山本　憶えてない！

――「おまえ、なんでも『はいはい』って答えるな！　ただじっと相手の目を見つめて黙って話を聞いていればいいんだ！」って、いまとまったく同じことを言ってましたよ（笑）。

山本　パチパチパチパチ！（と手を叩く）。俺がそうやって言ってた？（笑）。そうなんですよ。相手の言うことに同意して降伏しちゃいけないんですよ！

――「うなずくな、バカ野郎！」って怒っていて、なんのマナー講座だと思って（笑）。

山本　だって同意したら約束を守らなきゃいけなくなるでしょ。あとは相手は怒っているうちに疲れてくるんですよ。だから俺は疲れてくるのをひたすら待つわけですよ。怒りっていうのは長続きしないから。

――そんな感じでずっと話を聞いて、最後はどんな形で別れるんですか？

山本　最後は向こうがさ、あきらめたのか、疲れたのか、「まあ、わかったよな？」っていうけっこういい感じの空気で別れるんですよ。こっちはまったく言い分を聞き入れていないのに（笑）。

――「わかってねえよ」って（笑）。

山本　そういうことがあったから、長州は俺に対していまでも頭にきているわけですよ。普通は自分から和解の場を設けてさ、なおかついい形で終わっているはずなわけだから「これで俺の側につくだろ」っていうのがあるのに、翌週の週プロを見たらまったく違うから「この野郎！」って怒りを爆発するんよ。

――余計にですよね。「あれだけ言ったのに！」って。

山本　そういう経験がそれまで長州力にはなかったと思うんですよ。もう1回言うけど、長州の話を聞いているときに俺はまずはずーっと下を向いてるんですよ。それでちょっと頭を上下させながら聞いて納得しているふうの演技をするわけですよ。

――しおりみたいなものですよね。「ここまでは聞きました」っていう。そのサインを送るんですね。

山本　サインを送らないことには相手も納得しないから。その無言のサインを送ることによって、あたかも契約が成立したかのような雰囲気に持っていくわけですよぉ（笑）。

「週プロ記者の条件はプロレスが好きなことと、週プロが好きなこと。そしてターザン山本が好きなことですよ」

――そのときは「K―1や格闘技をなんで載せるんだ！」ってことで呼び出されて、もう1回会ったときは何を言われたんですか？

山本　UWFよ。

――ああ、UWFですか。「同じプロレスじゃないか」と。「それをなぜ、あたかもそうじゃないように扱うんだ？」ってことですよね。

山本　そうそう。そのときに長州はハッキリと俺に言うわけですよ。「UWFはプロレスだよな？」って。そのときは思いっきり、「はい、そうです！　プロレスです！」って言うんですよ！（笑）。

――「それは間違いありません！」と（笑）。

山本　そうそう！（笑）。「それは間違いありません！　事実です！」と。

――それは編集方針とは関係ないですもんね。「おっしゃる通り！」と。

山本　「だけどプロレスの中身はおたく（新日本）とは違うでしょ。主旨は違いますよ」と。

――「角度が違う、角度が」と（笑）。

山本　「その違いを俺は言っているだけなんですよ」と。でも長州からすると、自分たちのプロレスが古くて、UWFが新しい革命的なものとして扱われるから頭にくるんだよね。同じものなのにさ。

――なるほど。やっぱり長州さんは嗅覚が凄いですね。

山本　とにかく感性が凄いんですよぉ。

――そうですよね。だってそこに危機感を持った人なんてほかにいないですよね？

山本　誰ひとりとしていませんよ。みんな「関係ない」と思ってるから。「自分は自分たちでプロレスやってるからいいや」って思うわけじゃん。

――「それはそれ、これはこれ」っていう。

山本　プロレス全体の危機感、アイデンティティの危機感と捉える長州力の時代精神は天才的ですよ。

――その嗅覚を持ってして呼びつけた男は、自分の話にまったく響くことはなく。それは許さないってなりますよね（笑）。

山本　いきなり話は飛ぶけども、『夢の懸け橋～憧夢春爛漫～』（1995年4月2日）っていうベースボールがやった興行があったでしょ。あのときも「俺の意志ではないけど、こういうことをやることになってしまった」と。

――事業部が言い出したことですよね。

山本　「だから困ってるんですよ……」って長州に言ったら、「ウチはプロレス団体のひとつであって、もしウチがそういうことを仕切ってやろうとしたら、ほかの団体から反発を食らうだろ。それを第三者のおまえがやるんだったらそれは大賛成だよ。やれ！」って言ったわけですよ。それでいざやったら、長州は天龍のほうに行ってさあ！（笑）。

――反目にまわってWAR後楽園に出場したわけですね（笑）。

山本　どれだけあの人は……。「手のひらを返すとはおまえのことじゃないか！」って（笑）。

――「山本、ドームをやれ！」と言いつつ、自分がいちばん光る場面を作ったわけですよね。

山本　って言いながら、俺がガーッと行って目立つと反対側に行って、そっち側で光らせるんですよぉ。

――まあ、似た者同士ってことですよね。

山本　……あとは週プロに関して言うと人集めって大事だよね。部下を集めるのが。

――いわゆる正規でベースボール・マガジン社に入社してきた人間は使わないという。

山本　使わずに自分で一本釣りに行ったわけ。直で確かめて、学歴も問わずにどれだけの情熱とやる気があるか、集中してできるのかっていうことをコンセプトにしながらね。で、もちろんプロレスが好きなことと、週プロが好きなこと。ここまでは大抵の人間はクリアできるんですよ。

――そんなのはいくらでもいますよね。

山本　（急に小声になり）その次が重要なんですよ……。

――なんですか？

山本　「ターザン山本が好きなこと」ですよ。

――おー、なるほど。

山本　でもターザン山本が好きってところがクリアされないんだよねぇ（笑）。

――なかなか（笑）。

山本　「ターザン山本に憧れる」っていう部分はあるんですね。概念の中で憧れてるっていうのはあるんだけど、それは「好きだ」っていうのとは別個なんですよ。だから俺は全員から好かれているっていうことはクリアされていないんですよ。彼らの中にあるのは週プロが好きである、その次にプロレスが好きであるという。そこでターザン山本も好きだったら完璧なんだけど、三拍子の中の2つはクリアできてもあと1個が足りない。

「竹内さんが宍倉次長を『ゴング』に入れなかったのは、たぶん性格的なものを見たんだと思うんだよね」

――高いハードルですね（笑）。

山本　だから俺は馬場さんに言ったんですよ。「人を採るとき

HELLO KITTY
キャプテン

は馬場さんのことを好きな人だけを選んでくださいね」と。そうしたら忠実なしもべになるからと。

――馬場さんにそういうアドバイスもしていたんですね。

山本 した。

――宍倉（清則）次長ってどうやって週プロに入ったんですか？

山本 ああ。これは凄くおもしろくて、宍倉次長は校正の達人なんですよ。さらに内勤の達人でもあり、プロレスに関するあらゆる記録の処理能力も凄いんですよ。それで大学時代から『ゴング』にアルバイトで入ってやっていたんだけど、記録のページを作らせるという意味では非常に優秀な素材なんですよ。前にも言ったけど、昔プロレスファンクラブ全盛時代というのがあって、小佐野（景浩）くんとか小林（和朋）くんとかが『炎のファイター』っていうファンクラブを作っていて、山口雄介（ウォーリー山口）は『ザ・マニアックス』をやっていて。それで次長は『ＭＡＴ ＦＡＮ』っていう国際プロレスのファンクラブをやっていたわけ。その流れで行くと次長は『ゴング』に入って当たり前なんですよ。

――系譜的には。

山本 プロレスの知識もあるし、記録のページを作る能力もあるから。だけど竹内宏介さんが『ゴング』には採らなかったんよ。

――なぜだったんですか？

山本 （急に小声になり）たぶん、俺は性格的なものを見たんだと思うんだよね。いや、個として見たら悪い人間じゃないんですよ？ でも、ほかの連中とうまくやっていけるか、社内のムードとしてどうなのかって考えたときに、竹内さんは次長のことを採らなかったという。でも竹内さんって凄く面倒見がいい人だったから、次長本人も入れると思っていたし、『ゴング』が好きだったんだけど、竹内さんはノーだったんよね。

――そうだったんですね。

山本 それで俺も次長とは会場でよく会っていたので、顔見知りの関係ではあったんですよ。それで、その竹内さんがノーと言った人間をさ、俺は杉山さんに進言したんよ。「採りましょう」って（笑）。

――その心は？

山本 俺とは真反対の人間だから。

――なるほど。普通は自分と真反対の人間は入れたがらないですけどね。

山本 俺は外向きの人間じゃないですか。非常に調子がよくて八方美人で。でも彼は内向きの人間でしょ。日本地図で言うと太平洋と日本海、山陽と山陰みたいな違いがあるわけですよ（笑）。だけど俺は杉山さんにこう言ったんよ。「いまウチの編集部には彼のような内勤能力がないから入れましょう。ちょうど彼は『ゴング』からあぶれてしまってこれから就職先もないでしょう。『ゴング』にいた人間を取ることは向こうにダメージを与えるし、これは政治的にもいいですよ」って進言したんよ。

――『ゴング』的要素をも含んだ週プロを作るってことですね。

山本　それで杉山さんが「わかった！」ってことで入れたんよ。だから俺は宍倉を救ったんよ。絶対に就職するところがなかったんだから。

――絶対に就職先はなかった（笑）。

山本　東スポにもファイトにも入れないだろうし。

――まあ、鉄板で確実だと思われていた『ゴング』が採らなかったわけですもんね。

山本　その採らないっていうことも俺にはだいたいわかってたんよ。そうしたら次長としては『ゴング』に入れなかったという怨念があるから、ちょっと見返してやろうっていう気持ちもあるわけよ。そもそもさ、当時の杉山さんもまたおもしろい発想をしたんよ。杉山さんが「いままでいた『月刊プロレス』の社員じゃなくて、外側から人を集めて自分の部下にしたい」と。そのときに杉山さんが考えた方法というのは東スポとかファイトから人を採ろうっていうね。それで東スポからは植木（真一）さんが来たんよ。

――植木さんって東スポだったんですか？

山本　東スポなんだけど、あの人は整理マンでしょ。記者ではないじゃない。植木さんは永島（勝司）さんの紹介で週プロに入ったんよ。

――えっ、なんで永島さんが？

山本　なんか東スポには植木さんの居場所がなくなったとかじゃない？

――まあ、植木さんもある意味ではみ出し者ですよね。

山本　はみ出し者ですよ。生涯独身だったし。それで入ってきたんだけど、東スポから来たとはいえ記者じゃないから旨味はないわけですよ。でも内勤で活版ページを担当させておけば安心できるじゃない。それで俺のファイトイズムがあるから、残るは『ゴング』だけでしょ。あとは『ゴング』から採ってしまえば3つ揃う、週プロの土台ができるっていう整合性ができたんよ。

――その『ゴング』的なるものということで宍倉さんだったんですね。

山本　「これで打倒東スポ、打倒『ゴング』」という精神を共有できる」と。これが杉山さんの考えた新しいプロレス雑誌の方向性だったんよ。

「斎藤文彦くんのご両親に俺は人生で初めて見合いをさせられたんよ。そのときに『見合いとは何か？』がわかったんよ」

――いま聞いていて思ったんですけど、宍倉さんは期待通りというか最後まで流されずに『ゴング』っぽい自分というのを貫き通しましたよね。

山本　そこは徹底してた！　彼は真面目で性格的に俺とは決定的に違うでしょ。で、彼は入社した頃は府中に住んでたんよ。俺は次長とはケンカしてるわけじゃないけど、あまりいい関係ではなかったのに、その頃、次長のアパートに泊まっていたことがあるんよ。

――2人きりというシーンが想像つかない（笑）。

山本　普通のアパートだったんだけどさ、そこで悲劇が起こったんよ！

――そんなプロレス記者が2人いたくらいじゃ、悲劇なんて起きようがないでしょ？

山本　明くる日に競馬があったので一緒に府中競馬場に行ったんよ。そこでの俺の姿を見た次長が俺に絶望したと思うんよ。

――宍倉さんは競馬とかはやらない人ですよね？

山本　博打はやらない。なのに競馬に夢中になってる俺のアブノーマルな姿を目の当たりにしてしまったんよ！

――アブノーマルな姿！（笑）。要するにカッカしてる山本さんを見たってことですよね。

山本　プロレスのことなんか忘れてやってるわけでしょ。それに次長はあきれていたというか。

――どんだけカッカしてるんですか（笑）。

山本　俺は『月刊プロレス』に入った当初は大塚のアパートで、それから東高円寺に行って、最後は小岩で住んでたんよ。その2つめの東高円寺時代に運命の出会いがあって、茨城清志っているでしょ。

――のちにW☆INGの社長をしていた茨城さん。

山本　俺が借りたアパートに住んでたらしいんよ。家主が「プロレス関係？　前にも茨城くんって子がウチにいたよ」って言ったわけですよ。

――当時、茨城さんは何をやってたんですか？

山本　メキシコのカタログみたいなやつを自作して通販をやったりしていたんよ。だけど、お金を送ったのにカタログが送られてこないっていうんで、あるときファンがアパートに来て石を投げたって（笑）。

――当時から未払いがあったわけですね（笑）。

山本　そうそう！（笑）。それで、そこのアパートから歩いて3分のところに斎藤文彦の実家があったんよ。

――あっ、フミさん。

山本　斎藤文彦くんは大学でミネソタに留学したでしょ。斎藤文彦くんのお父さんは教育学者で、その大学教授の斎藤先生の本をベースボール・マガジン社で出していたわけ。だから社長との関係で斎藤文彦くんは大学生なのにベースボール・マガジン社から本を出していたんよ。

――どうしてフミさんのことだけ鴻野淳基みたいにフルネームで呼ぶんですか。それは当時のアメプロのことを書いた本ですか？

山本　うん。その斎藤文彦くん経由で、俺はよく斎藤家に呼ばれて食事をしたんよ。

――フミさんと仲がよかったって話は聞いたことありますね。

山本　お父さんは糖尿病だったけどね。

――まあ、それはどうでもいいじゃないですか。

山本　それもまた凄くてさ、あるとき斎藤文彦くんのご両親に俺は人生で初めて見合いをさせられたんよ。36とか37くらいだったんだけど、俺はお見合いをするようなタイプではないでしょ？　なのに俺に相手を紹介しようとしたわけですよ。俺は「見合いしたくないなあ……」って思っていたんだけど、もうやらなきゃしょうがないじゃない。そのときに俺ね、「見合いとは何か？」がわかったんよ。

――見合いとはなんでしたか？

山本　俺のバツイチということと40前という状況があるでしょ。そうしたらさ、そんな俺の状況に合った人を持ってくるわけですよ！

――ちょうどいいマッチメイクをしてくるわけですね。

山本　だから要するに相手はそれらの状況は了解事項ってことで来るわけですよ。俺はそれに絶望したなあ。

――バツイチ、生活サイクル不安定、ギャンブル好き、年収もけっして高くはない。そんな男とマッチングした女性はどんな人だったんですか？

山本　まあ、体型的にはちょっとぽっちゃりしていて、目がちょっと暗くてね、ちょっと行きそびれているような。

――「ちょっと」を連呼しますね。

山本　30を過ぎていて当時だとちょっと結婚に遅れたというかね。でも結婚願望はある。悪い人ではないんだけど、ちょっと俺の好みではなかったので、これはちょっとしんどいなと思ってねぇ。

「週プロのデザイナーをやっていた女の子が、あるとき俺の家に泊まりに来たんよ」

――まあ、言い方は悪いですけど、それが第三者が判断した山本さんの社会的評価に見合った紹介だったというか。

山本　そうそう！「俺の社会的評価はこんなものなのか！」と思って、正直言って俺はちょっと頭にきたんだよね（笑）。たしかに社会的なことで言ったらハマってるんですよ。だけど非社会的な部分では「俺はアリだよ」っていう自信があるからさ、そうやってランク付けされたことに俺はショックでガッカリしたんよ。

――「非社会的な部分では俺はアリ」（笑）。

山本　そうそう。だから俺は丁重にお断りしたんよね。でもお断りするってことは相手に凄いダメージを与えるでしょ？

――まあ、そうなんですかね。「私はコイツよりも下なのか」っていう（笑）。

山本　それが気の毒な感じがしてね。そのときに「見合いは二度としちゃいけないんだ」って思ったんよ。

――見合いは残酷ですね。

山本　残酷だ。

――それは一度会っただけですか？

山本　斎藤さんの家で食事したんよね。そのときに斎藤文彦くんはいなかったけど。まあ、親切でやってくれたわけですよ。

――話がちょっと逸れますけど、恋愛はしていなかったんですか？

山本　まったくしてない。

――そういうもんですか。

山本　興味がなかったもん。

――山本さんは風俗とかにも行かないでしょ？

山本　行ったことがないよ。

――体質的に合わないでしょ？

山本　合わないよ。

――性欲はどう処理してたんですか？

山本　興味がなかったね。

――じゃあ、好きな人もいなかった？

山本　いないいない。

――どうして急にそっち系の話は受けつけないみたいな態度を取るんですか。

山本　やっぱり俺には博打があったから。

――でも意外と恋多き青年だったわけじゃないですか。

山本　しかしね、えらいことが起きたんよ。編集部にフリーのデザイナーが入ったんよ。女の子で。

――週プロのデザイナーってみんなフリーでしたよね。

山本　その人も社員じゃないんだけど、いつも編集部に常駐してやっていたわけですよ。背が高くてスラーっとしててさ。それで俺と大学が一緒で。

――立命館ですか？

山本　うん。そうしたらさ、あるとき、その子が俺の家に泊まりに来たんよ。

――ほう。

山本　「これはどういう意味なんだ……？」と思ってね。

――向こうから？

山本　なんかのきっかけで一緒に帰ってきたというか。あれはビックリしたねえ。

――で？

山本　何もしませんよ！

――同じ布団で寝た？

山本　うん。

――それで何もしたくもならない？　したかった？

山本　する気持ちにならなかったねえ。だから悪いことをしたなと思ってね。女性はそこまで食い込んできたわけだから、「失礼なことをしたな」と思って俺は反省したんですよ（笑）。

――どういうことなんだろ。山本さんはそれだけ仕事に夢中になっていたってことですか？

山本　そうそう。まさか突然そういう展開になるとは自分でも思っていなかったし、その子に対して恋愛感情も持っていないしね。でも仕掛けてきたのかなと思ってね。

――仕掛けてきた（笑）。

山本　たぶんね。もしあそこでデキてたら結婚したかもわからないね。

――極端ですね。

山本　そのまま彼女もこっちに住み込んじゃっていたかもしれないからね。それはそれで悪くなかったかもわかんないなあ（なぜか遠い目）。

ターザン山本！（たーざん・やまもと）
1946年4月26日生まれ、山口県岩国市出身。元『週刊プロレス』編集長。立命館大学を中退後、映写技師を経て新大阪新聞社に入社して『週刊ファイト』で記者を務める。その後、ベースボール・マガジン社に移籍。1987年に『週刊プロレス』の編集長に就任し。“活字プロレス”“密航”などの流行語を生み、週プロを公称40万部という怪物メディアへと成長させた。

うがい、手洗い、娯楽を浴びまくって、免疫力アップアップボーイズ(仮)。

そんな決まりねえだろ
売れよ
IRON
ダメだみんな困ってんだ
オレだって困ってんだ
なんでお前が困るんだ
じゃあこれだけ
たのむ
マスク
しょうがねえな
絶対転売すんじゃねえぞ
ピッ
してたら許さねえからな
じゃあな
店長いいんですか
あんなのダメですよ

しょうがないだろ
客は客だ……
カーッカッカッカッカッ
今こそチャンスだ
マスクの転売を資金として
ばさっ
我が蟻の穴を復活させるのだ
カーッカッカッカッカッ
買えるだけマスクを買って来るのだ
蟻が巣穴にエサを持ち帰るようにな
そうか
そういうことか

ピカー
あれだな
アイアンの車は
逃がさねえぞ
ブー
特別養護老人ホーム
亀園
鉄河原さん買えました？
いやこれだけしか
困ったなもう在庫がないよ
サンクスには別の人が行けばまだ買えるかも
ここが転売のアジトか
考えたもんだな

（つづく）

もじゃもじゃ タランティーノ

第29回（最終回）ちょうどいい

ビーバップみのる

ビーバップみのる
（びーばっぷみのる）
1975年生まれ。AV監督。

3月です。3月になっても今年の1月から見始めたドル円の為替チャートを見ています。3月のドル円チャートはヨーロッパとアメリカでコロナウイルス感染確認のニュースが本格的に出始めた頃から急激に下がったり上がったりしています。方向性が見えない暴れ方をしています。よくわからない動きをしていて怖いので見るだけにしています。

そのほかの3月の思い出は映画を観ました。『パラサイト 半地下の住人』という映画を観ました。詳細は割愛しますが、地下から人が出てきて怖かったです。なんにせよ「お金を稼ごう」と思わせられる映画でした。

そのほかの3月の思い出は今号の『KAMINOGE』の「その道の門番!!」というコーナーでネットカフェに泊まっている飯島さんのお話を聞きました。3時間くらい話したのですが「お金を稼ごう」と思いました。そんな感じで3月はお金を稼げていないですが、お金を稼ごうと思わされる話に触れました。

お金を稼ぐと言いましても、どれくらい稼げばいいのかぼんやりしています。ぼんやりしていますが、自分にとってちょうどいい感じを探している最中です。ちょうどいいといえば、こんな話を聞いたことがあります。ずいぶん前に聞いた話なので詳細はうろ覚えですが、詳細が大事じゃない話なので書いてみます。

「みのるちゃん、ヒザから崩れ落ちた経験ってある？」

「あった気もしますが、憶えてないです」

「俺さ、ウソみたいにヒザから崩れ落ちた経験があるんだよ」

「ヒザカックンとかですか？」

「そういうのじゃなくて、感情が先に動いてヒザから崩れ落ちたの」

「ショックなことを目の当たりにしたんですか？」

「まあ、答えを急がないで話を聞いてよ。俺さ、6年前にローンで家を買ったの。世田谷のちょっとお金持ちが住んでそうな家が建ち並んでる地区に」

「凄いじゃないですか」

「いや、まわりの家はいかついんだけど、俺の家自体は大したことないんだよ。どうしてそんなところに家を持ったかっていうと、いかつい家といかつい家の間に挟まれた、小さな土地に建てられたいかつくない家が手が出そうなくらいの値段で売りに出てたの」

「その値段を見て、ヒザから崩れ落ちたんですね」

「違うよ。金額じゃないよ。話を進めるよ。どうにか手が出る値段だったから、いかつい家に挟まれたそのいかつくない家を買ったんだよ」

「どれくらいいかつくないんですか？」

「1階の駐車場はミニクーパー1台と自転車が入るくらいの大きさ。住むには十分なんだけどさ、その駐車場の高さがちょうど170センチで、俺は少し首を曲げないと歩けないくらい低いの。まあ、クルマは停められるんだけどさ」

「はい」

「欲を言い出したらキリがないんだけどさ、家族は喜んでくれてさ。家を買ってよかったなーって」

「うらやましいです」

「でさ、家を買ってから2、3カ月経った頃かな。酒を飲んで夜中に家に帰ったことがあったの」

「はい」

「ほろ酔いでさ、なんとなく徒歩で家に帰ったの。あらためて家の近所の街並みを見ながら歩いてるとさ、いかつい家がたくさん並んでるんだよね。でっけー家が多いなーって。でっけー家を横目にしながら自分の家の前に着いたんだよね。それで自分の家を目の前にしたら、両隣の家の大きさとの違いにあらためて気づかされてさ。〝40年がんばって生きてきた俺の結果がこの家か〟ってしみじみ思ったら、ヒザから崩れ落ちたんだよね」

「やめてください。なんか、それ以上聞いたら泣いちゃいそうです」

「いや、違うの。大きな家に挟まれた自分の家を見たらさ、〝ちょうどいい〟、〝この家は俺にちょうどいい家だなー〟って感動しちゃったんだよ。感動したらヒザから崩れ落ちちゃったんだよね（ニッコリ）」

この話は今号で100号を迎える『KAMINOGE』編集長の井上さんから聞いた話です。ボクは井上さんの話の中でこの話がいちばん好きです。

そんな感じで100号おめでとうございます。

3/13

マッスル坂井と真夜中のテレフォンで。

「俺は人知れず長州さんは読んでると思うんです。読んでいて『ああ、なるほど。俺はこれでいけばいいのか』っていうことをそこで学習したんだと思うんですよ」

「長州さんはクロちゃんとかよゐこの濱口さんのゾーンに入っちゃってる」

——坂井さん、とうとう100号を迎えてしまいました（笑）。

坂井　いやあ、めでたいですね。でもこれね、この時代に雑誌が100号続くってどれだけ凄いことなのか、みんなわかってるんですかね？

——それ、さっき話したGスピの佐々木さんのお祝いコメント！

坂井　えっ、かぶっちゃいました？（笑）。まあ、続きましたよね。変な話、井上さんみたいな人って2〜3年くらいやってたら、逆にもっとおもしろいことを見つけたりとかするじゃないですか。

——なるほど。その先みたいな。

坂井　それはダメになって終わるんじゃなくて、こっちのほうが儲かるとか、こっちのほうがおもしろいとか、趣味が全然変わっちゃうとか、まったく違うテーマの雑誌をやったりすると思うんだけど、そうはなってないですよね（キリキリキリ）。

——ずっとここにいるね。

坂井　何年か経てば世の中もガラッと変わるんじゃないかとか思ったけど、そんな変わってないし。どっちかって言えばこれから変わりそうですけど（キリキリキリ）。

——ああ、そうねえ。

坂井　（キリキリキリ）逆にここからスタートみたいになっちゃってますよね。

——何がキリキリいってるの？

坂井　ん？

——カッターナイフ？

坂井　あっ、この音？　これね、平べったい櫛（キリキリキリ）。

——櫛？　ああ、それをお琴のように弾いてるわけだな。

坂井　はい（キリキリキリ）。

——ちょっとやめてもらっていい？（笑）。

構成：井上崇宏

坂井　アッハッハッハ！　えっ、ボールペンのカチカチとどっちがいいですか？

――両方ダメだよ（笑）。

坂井　じゃあ、ちょっと爪でも噛むか、頭でも掻いてますわ。でもずっと『KAMINOGE』を作っていて、やってる我々がそんなに飽きていないわけじゃないですか。だからこれ、ずっとやるんでしょうね。

――途中で冴えたテクニックを覚えるわけでもなく（笑）。創刊以来、変わらぬ形で同じスキルでお届けしていますよ。前も言ったかもだけど、坂井さんが昔ね、夜中の3時に飲み屋に呼んだ占い師。

坂井　はいはい。あの不良占い師。

――それで「井上さんもみてもらってください」と。「いやいや、べつに占いに興味ないし、お金も払いたくないよ」って言ったら「俺、この人にカネ貸してるんで大丈夫です」って。なんで占い師が人からカネ借りてるんだと思って（笑）。そのときに正確な数字は忘れたけど「60代後半でブレイクする」って言われて。あと20年後ですよ。

坂井　いまピンと来ましたよ。思い当たる節がある！

――えっ、教えて！　俺はまったく思いつかないよ、ブレイクの形が。

坂井　たしかそのとき「68歳」って言ってたんですよ。ちょうどきのうね、「いまツイッターの機能を勉強しています」と、「ハッシュドタグ（井）長州力」っていう画期的なツイートがあったじゃないですか。いま長州さんは何歳ですか？

――68？

坂井　やっぱそうだ……！

――なんで俺じゃなくて長州力がブレイクしてるの？（笑）。

坂井　その背後には付き人である井上崇宏a・k・a・山本がいてね、いまの長州さんブレイクの仕掛け人のひとりであることを私はわかっていますから。

――坂井さん。このスペースをお借りしてもいいですか？

坂井　いいですよ。

――真面目な話ね、ホント業界の中で「長州さんのツイッター、あれやってるの井上さんでしょ？」って言われるの。

坂井　そりゃ言われるよ。

――「いやいや、やってない、やってない。なんでですか？」って聞いたら「だって長州さんはあんなんじゃないじゃないですか」って。「いやいや、あんなだよ！」っていう（笑）。

坂井　でも、そう言われると思いますよ。だってそういう長州さんのありのままのおもしろい姿を世に知らしめたうちのひとつが『KAMINOGE』じゃないですか。

――まあ、そうなんですかね。まだ本人は読んだことがないっていう。

坂井　俺は人知れず長州さんは読んでると思うんですよ。読んでいて、「ああ、なるほど。俺はこれでいけばいいのか」と。「こういう感じが好まれるのか」っていうことをそこで学習したんだと思うんですよ。

――いやいや、それはないわ（笑）。

坂井　それまでのターザン山本！や金沢克彦が作ってきた長州力像、あるいは古舘伊知郎が作ってきた長州力像から、いまは井上さんが作った長州力像に移行しつつあるんですよ。そして、その最初のリングがツイッター。

――坂井さん、思い当たる節がありました。

坂井　あった？

――こないだ『KAMINOGE』の取材を知り合いの恵比寿の飲み屋でやったんですよ。で、そこの大将が長州さんの目の前で何度も「井上さん」って言うのよ。

坂井　あっ！

――そのたびに「いやいや、大将。山本ですよ」って言ったら、「ああ、すみません、山本さん。でね、井上さん」「いやいや、だから」っていうのが何回もあって。そのやりとりを聞いていた長州さんがニヤッとしていたような気がしたんですよ。

坂井　ほう！　じゃあ、途中からはわざと「山本」と言い間違えてる？　もう井上だってことに気づいてると。

――っていう説があって。というのは、長州さんへのリプライで無粋な人たちが「それ、山本じゃなくて井上ですよ」みたいな。

坂井　無粋！

――じつはそういうのも読んでるんじゃないかなと。

坂井　なるほどね。つまり、まわりがドッキリをかけざるを得ない状況に陥ってるというか。

――そう！

坂井　もうクロちゃんとか、よゐこの濱口さんのゾーンに入っちゃってるってことじゃないですか。凄いなあ。

――怖いですよ、ホントに。

坂井　だから「長州力」っていうのはもう現在のプロレス界における最大のメディアじゃないですか。井上さんはそこの重要人物として長州さんにフックアップされた存在ってことですよね。

「こんなに長州さんの影響下にある雑誌になっちゃったんですね」

――こっちがフックアップした気になっていたのに。「おまえも来るか？」「この流れに乗るか？」と。

坂井　ええ。もう井上さんは革命戦士の仲間入りをしているんですよ。

――いつの間にか上のほうで使ってもらってるんだ。

坂井　もうメインの6人タッグに入ってますよね。長州、山本、あとは誰？

――谷ヤン？

坂井　谷ヤンとあとはお婿さん？

――慎太郎さんね。

坂井　あとは武田くん？

――それと会ったことはないけど、栗ちゃんっていう美容師かな。

坂井　そう考えると、井上さんは石井智宏さんのポジションなんですよ。だからそういう意味では井上さんも「68歳でブレイク」っていうのはやっぱあるぞって話ですよ。

――長州さんが「いまの俺の背中を見ておけ」と。

坂井　68歳でブレイクしている人を、いまあなたは体感しているわけですから。

――いや、坂井さん、もうひとつ思い当たる節があるわ。長州さんとそのマネージャーたちのLINEグループがあるのよ。

坂井　えっ、本人も入ってるLINEグループがあるんですか？　つうか、長州さんってLINEやってるんですか？

――やってるやってる。だからツイッターのあのまんまですよ、蛇とかの絵文字多用の。

坂井　おもしろい！

――で、ある日「谷ヤン、ここに山本も入

れろ」という指令が下ったらしく、俺もそのグループに招待されたのよ。「なんで？」って思ったけど、まさにそれは薫陶というか「おまえもウチの若手だから」っていうことだよね？

坂井　間違いない。

――で、そのグループって俺にはまったく関係のない通常業務のやりとりをずっとしてるんですよ。時にはマネージャーを叱ったりしながらね。そんなの俺はずっとスルーするのみじゃん。そうしたらいきなり長州さんから「山本はどう思うんだ？」って振られて「あっ、お疲れ様です！」って返したら「出てきやがったな～」みたいな。

坂井　すげー！　おもしろい！

――「出てきやがったな、この～。おまえもなんかしゃべれ～」みたいな。もう完全に司会者だからさ。それで「この件に関しておまえはどう思う？」「いえ、自分はよくわかりません」って返したら「なんだそれは？」みたいな。っていうのが何回かあったから、「なんで俺はこの中に入れられてるんだ？」と思って、ある日、寝起きでぼーっとしてる勢いでグループから退出したんですよ。

坂井　ええっ？（笑）。

――そうしたらすぐに谷口さんから電話がかかってきて、長州さんが「山本、アイツどうしたんだ？　ハブに撃たれたか？」って言ってると。そこで谷口さんが咄嗟の判断で「いえ、ボクらからちょっと外れてもらいました。やっぱり仕事の話を山本さんにするのは違うと思うんで」みたいな。

坂井　へえ～。

――そんな話がありましたね。だから長州さんが俺を自分の若手の一員扱いしてるっていう坂井さんの説はあながち間違いじゃないのかなと。

坂井　そうですって、それは。こんなに長州さんの影響下にある雑誌になっちゃったんですね（笑）。

――いまの自分の立ち位置というか現実を知って怖くなりました。完全に長州さんに泳がされてるっていう。

坂井　いや、最初の長州さんのインタビューでの手の合い方というか、あれが世に出てしまった以上、もう切っても切れない関係なんですよ。俺はあの時点で、長州さんはもう井上さんのことを手放さないだろうと思ってましたから。

――いや、超怖かったけどな（笑）。

坂井　まだ怖い？

――ずっと怖いですよ。

坂井　でも、それに負けなかったわけでしょ？　自分のスタイルを崩さなかったわけじゃないですか。怖がりながらも原稿では常にぶっこみ続けたわけじゃないですか。

――だからまあ、言ってしまえば「いざとなったら田舎に帰ればいい」と思ってるから。「殺されはしないだろう」っていう（笑）。

坂井　その覚悟ですよ。だから俺は井上さんのことを、長州vs安生と長州vs大仁田以来の、長州さんに自分のスタイルを貫き通した選手だと思ってますよ、ホントに。

――そんなことを言われて、なんて返せばいいのか（笑）。

坂井　だってLINEグループを抜けるって、頭おかしいでしょ（笑）。でも、そのままのスタイルでいったほうがいいと思いますよ。

100号までつくらせてくれてありがとう！
カミノゲ青春白書!!

次号KAMINOGE101は2020年5月5日（火）発売予定！

KAMINOGE 100

2020年4月12日　初版第1刷発行

発行人
後尾和男

制作
玄文社

編集
有限会社ペールワンズ
（『KAMINOGE』編集部）
〒154-0011
東京都世田谷区上馬1-33-3
KAMIUMA PLACE 106

WRITE AND WRITE
井上崇宏
堀江ガンツ

編集協力
佐藤篤

アートディレクション
金井久幸［TwoThree］

デザイン
TwoThree

カメラマン
タイコウクニヨシ
橋詰大地

編者
KAMINOGE 編集部

発行所
玄文社
［本社］
〒107-0052
東京都港区高輪4-8-11-306
［事業所］
東京都新宿区水道町2-15
新灯ビル
TEL：03-6867-0202
FAX：048-525-6747

印刷・製本
新灯印刷株式会社

本文用紙：OK アドニスラフ W A/T 46.5kg